青少年篮球训练精要

［美］瑞恩·古德森（Ryan Goodson）　著

毕成　徐勇捷　译

人民邮电出版社
北京

图书在版编目（CIP）数据

青少年篮球训练精要 / (美) 瑞恩·古德森
(Ryan Goodson) 著 ; 毕成, 徐勇捷译. -- 北京 : 人民
邮电出版社, 2017.9
ISBN 978-7-115-45858-2

Ⅰ. ①青… Ⅱ. ①瑞… ②毕… ③徐… Ⅲ. ①青少年
—篮球运动—运动训练 Ⅳ. ①G841.2

中国版本图书馆CIP数据核字(2017)第130528号

版权声明

免责声明

作者和出版商都已尽可能确保本书技术上的准确性以及合理性，并特别声明，不会承担由于使用本出版物中的材料而遭受的任何损伤所直接或间接产生的与个人或团体相关的一切责任、损失或风险。

内 容 提 要

对于勒布朗·詹姆斯，斯蒂芬·库里，凯文·杜兰特和其他所有顶级篮球运动员来说，职业生涯都从专注于篮球基本要领开始。本书正是热爱篮球的青少年、篮球教练员和运动员所需要的科学、系统、高效的篮球训练全书。

本书是由世界知名的篮球教练和实战训练师——瑞恩·古德森，综合他多年来执教青年球员和职业球员的经验写成。基于“动作成型-重复-比赛”的技能训练原则，本书提供了超过 100 种的有趣、高效、创造性的练习，帮助读者掌握运球、传球、投篮、篮板、防守、进攻等方面的基础技术和团队战术。书中的练习包括 NBA 著名球员和教练员所使用的训练方法。通过阅读本书和进行练习，读者将有效掌握篮球运动的基本要领，全面提升篮球技巧和竞争优势。

◆ 著　　[美] 瑞恩·古德森（Ryan Goodson）
译　　毕 成 徐勇捷
责任编辑　李 璇
责任印制　周昇亮

◆ 人民邮电出版社出版发行　　北京市丰台区成寿寺路 11 号
邮编　100164　　电子邮件　315@ptpress.com.cn
网址　http://www.ptpress.com.cn
北京虎彩文化传播有限公司印刷

◆ 开本：700×1000　1/16
印张：15.5　　2017 年 9 月第 1 版
字数：252 千字　　2025 年 10 月北京第 38 次印刷

著作权合同登记号　图字：01-2016-10035 号

定价：68.00 元

读者服务热线：(010)81055296　印装质量热线：(010)81055316
反盗版热线：(010)81055315

致我所爱的人：

爸爸妈妈（感谢你们一如既往地相信我）；

我美丽的妻子艾希莉；

我亲密的家人查德、卡罗琳、莎蒂、比利、黛比、克里、艾伦、贝尔，

还有小斯尼克；

最后还有我的祖父比尔·古德森和拜伦·哈斯。

目录
Directory

致谢 / vii

前言 做好训练与学习的准备 / ix

第 1 章 运球 / 1
第 2 章 传球 / 37
第 3 章 内线得分 / 63
第 4 章 外线投篮 / 95

第 5 章　获得空间　/　119
第 6 章　篮板球　/　151
第 7 章　个人防守　/　179
第 8 章　上场打球　/　201

关于作者　/　229

致　谢

特别感谢我的教练和导师，他们影响了我的人生，为我指明前进的方向。没有你们，这本书不可能完成。感谢你们激励我努力拼搏，追求卓越，充满自信。感谢你们教会我打篮球的正确方法。感谢你们成为我人生中的指南针。能有你们这样的教练，我们这些运动员三生有幸。

加农·贝克尔布莱恩·坎特雷尔

杰森·卡佩尔

鲍比·克雷明

约翰尼·伊利

约翰·拉蒂摩尔

马特·麦克马洪

理查德·摩根

巴兹·彼得森

莱斯·罗宾逊

艾哈迈德·史密斯

马克·汤普森

前言 做好训练与学习的准备

欢迎阅读本书。谢谢你投身到篮球这项伟大的运动中来。篮球一直在不断演化之中，我们总有新的东西需要学习。随着我对篮球研究的深入，我发现我不懂的地方越来越多。获得成功的唯一方法就是不断延展、不断成长、不断创新、不断提高，认识到自己是一件在发展变化中的作品，并做好终生学习的准备。无论你是希望学习篮球的基础知识或者提高自身作为运动员的篮球技能，或者想要成为一个更好的教练，更有效地指导和训练我们的下一代，那么你来对了地方。

我有幸训练过全球各地的球员，从青年队级别到 NBA 级别。自 2009 年以来，我与超过 2 万球员合作过，在全美 30 个州以及世界多个国家举办过训练营和教练实践课。我制作了许多具有指导性的 DVD 以及在线训练项目，在 YouTube 上的点击量已超过 500 万次。我也曾与世界上最好的教练和球员合作过，非常高兴能与你们分享我的经验。

本书基本大纲

本书强调通过实战训练来学习。我为本书特别创造的“动作成型 - 重复 - 比赛”的技能训练原则，能为球员和教练提供一种通过有趣、高效和创造性的方法学习和掌握篮球基础技能的定式。

动作成型

首先，你需要通过分解训练来找到每项技术的原理并形成恰当的动作姿势。一个篮球运动员要打好基础，必须对各项原理有深入的理解。学习和掌握这些宝贵细节的最好的方法就是练就个人技能。

重 复

不断重复这些分解训练，直到肌肉能够记住这些动作，并养成正确的动作习惯。

比　赛

动作成型后，你将要开始一系列精进化的练习。这些训练是更综合性的，类似于上场比赛。这些训练有计分，让你能够掌握自己的进步程度。这时候真正的训练才开始！第一步和第二步只是学习，第三步才是训练、提高和精进。

除了上述的训练，每章还有特殊的板块，帮助教练和球员父母成为更好的老师、领导和训练师（所有这些对一个好的篮球运动员的成长都至关重要）。篮球基础这本书对每个人都十分有用。

给父母和教练的话

无论你是父母还是教练，首先你需要明白的就是教年轻人打篮球是一件非常有挑战性的事情。我经历过各种你能想象的情况和困难。我教过的学员有的不专注，有的行为有问题，有的运动能力不行，有的协调性不好，还有的缺乏对篮球的兴趣。作为教练，你将面临许许多多的问题。但幸运的是，只要你充满活力、激情与创造性，这些问题都能解决。我的工作就是让你们掌握教学的正确方法和策略。我如果在最初当教练时就知道这些该多好啊！

对年轻运动员的教学方法

当你进入一个新的主题，遵循以下方法：

1. 表述：用自己的语言描述这项技术或练习（通过听来学习）。

2. 演示：积极演示一项技术或练习（通过看来学习）。

3. 参与：让球员参与和尝试某项技术或训练（通过运动学习）。

循序渐进

如果你知道如何循序渐进地教学，即使是最难的篮球理念和技术也可以被掌握。本书有许多循序渐进的例子。球员应该学会一些个人技术之后再进行一对一对抗练习。在学习跳投前应该掌握上篮。你将要学习如何从零开始掌握篮球的基本功。

口头提示和缩略词

口头提示是确保学员掌握你所教知识的有效方法。用口头提示，你就可以把你要教授的点打包起来，例如“你运球具有攻击性的时候对手根本防不住你”“保持低重心，比赛将对你有利”。用每个教学点的首字母组成一个缩略词，例如，当教投篮时，许多教练用“BEEF”这个缩略词，这个词代表着：

平衡（Balance）

目光直视篮筐（Eyes on target）

手肘向内（Elbow in）

跟进动作（Follow through）

口头提示和缩略词是帮助球员获得相关信息的有趣方法。

互动回应

有一点需要记住的是，你训练球员是需要使用一些策略让他们融入进来的。枯燥是你的敌人！我用的一个方法就是让球员呼应你。我会让球员回应我的指令。这也会让他们保持专注。比如我会说，“每个人击掌两次，每个人运球两次”。他们必须快速果断回应，不然就会有惩罚。

做一个编舞者

教授一项复杂的技术或者动作的好方法是把球员当作舞者来训练。用数字把该技术分解成几个易学的部分。例如，当学习常见的终结上篮动作“欧洲步”时，可以遵循以下指导：

1. 起始站姿
2. 右脚向前迈一步
3. 左脚向侧方移动
4. 高高跃起完成出手

当你说出每个数字时，球员完成相应的动作。用数字还有一个好处就是你可以轻易发现是哪一步做得不对。

让学生成为老师

我在美国之外的地方当教练的时候，很多时候面临这样一个问题，我一个人需要教 30 个左右的球员。这种情况下你应该如何应对？这确实不容易。但如果你让你的学生成为老师，问题就迎刃而解了。每次在我教授讲解一个概念时，我会找出那些完成这些技术很好的球员，我让他们成为我的助教，帮助那些还没有掌握的人。这对那些学得比较慢而我又没时间一对一教他们的人来说非常有益。这同时对助教们也有好处，因为他们跳出了他们的舒适区域。我坚信，只有当你能够教授一个概念的时候，你才真正掌握它。

目　标

记住，你教的是技术，而不是单个的练习。做单个练习也是为了掌握技术。每次训练都有一个目标，球员需要知道和理解这个目标，这很重要。让球员知道这个目标可以帮助他们在比赛中做出本能的反应，并提高他们的篮球智商。

教学应直击要点而不是长篇累牍

少即是多，精简是我们应该做的。你说的越多，球员记住的越少。试着将你的课程精简成直切要点的信息。

实战和讲解指导比例

为了让年轻球员融入进来，保持每指导 10 分钟便安排 5 分钟实战活动的比例很重要。每指导 10 分钟后，我会试着让球员在实战中运用刚刚所学的内容，这样做也可让球员保持对课堂所学内容的清楚理解和掌握。

测　试

教育对一个球员的成功来说必不可少。在每次训练后，考查你球员对所学技能的掌握情况，奖励那些做得对的球员。

大局观

首先培养大局观。当进入一个新的主题时，先演示，然后让球员进行模拟比赛。例如，当你教一个移动进攻技术时，先快速教他们一些基本的动作要领，然后让他们进入 5 对 5 的比赛中。比赛会比较混乱，但如果你不给他们展示大局观，球员不会知道如何在真正的比赛中运用该技术。

学会引领

在 2009 年，我在佛罗里达的奥兰多市的一个教练培训营，培训营的教练是世界著名的技能训练教练加农·贝克尔，我当时是个菜鸟教练，渴望从顶级教练那里学到东西。那时候加农在世界各地训练球员，他还训练过 NBA 的一些顶级球员，他的教学充满激情和活力。他简直是激情四射，他的热情很有感染力。当加农出现在体育馆中，你也会忍不住对篮球和生活充满热情。我清楚地记得，在训练营的最后一天，他把我叫过来，用强烈而肯定的语气跟我说："瑞恩，听着，我一直在观察你，发现你有无限的潜能。我认为你非常适合当篮球教练，这份潜能已经融入到你的血液当中，你的 DNA 当中。你必须继续做下去，你有机会和我一样出色甚至比我更好，明白吗？"听到一名导师以及一个我尊敬的人说这番话后，我思想发生了改变。我想要变得更努力，更坚定。我想要挑战自己，做到更好。更重要的是，我变得更自信。在那天的对话中，加农是个引领者。如果你能引导激励你的球员成为顶级球员，那会怎样？如果你能帮助他们把这项技能用在生活当中，成为更好的球员、学生、儿女、兄弟姐妹和朋友，结果那又会怎样？一个真正的引领者激励他人更加努力，超越自我，更加相信自己和团队。

我确信你能想起影响过你人生的引领者。作为教练，你有责任引导你的球员。以下是我经历和观察到的关于领导力的法则。

说服而不是告诉

引领者像是一个老板或者军官告诉别人该怎么做。这是不对的。领导力更像是说服而不是告诉。最好的引领者应该能够激励球员，用一种有趣的、有益的和有吸引力的方法将知识和技术打包传授给球员。

动 力

如何保持活力对任何引领者来说都是一个真正的挑战。领导力会逐渐衰竭。你不断激励别人激发他们的最大潜能，所以你每天自我激励也很重要，这可以通过看书、听音乐或者与父母聊天来完成。记住，如果你想点燃别人的蜡烛并激励他们，那自己必须热情似火。

击掌庆祝

在训练时要与球员击掌庆祝。你可能不是最好的或者最具学识的教练，但你总是可以用积极性和鼓励来引领你的训练。

信不信由你，积极的态度和获胜之间是有关联的。一些简单的东西，如相互击掌也能够增加球员的自信。

永远保持热情

如果你兴奋，你的球员也会兴奋，伟大源自热情，保持热情！

让他们知道你关心

这是我训练一名麦当劳全美高中全明星时获得的一个秘密。麦当劳全美全明星是一个高中生可以获得的最高荣誉。他跟我分享了他的日常生活中的一个习惯，这帮助他领导他的球队获得全国冠军。他是那种队友喜欢跟他一起打球的人，而且他的队友能够为他做任何事情。他如何与队友培养了这种密切的关系？他养成了一个每天和不同队友进行 5 到 10 分钟对话的习惯。在对话中，他确认他的队友知道两件事情：他关心他们、相信他们。想象一下这对他的队友有多大的意义以及这简单的 5 到 10 分钟的对话对你的球员能够产生多大的影响。如果你想影响你球员的人生，记得在球场和日常生活中养成这个习惯。

多说积极的话少说消极的话

对球员积极的评价和消极评价的比例保持在 3 比 1。如果做不到，将会形成一个消极的环境并影响士气。

在每次训练的开始和结束时向球员传递信息

使用具有激励性的名言和故事将篮球应用到生活中。一个聪明的教练曾经跟我说："这些信息是训练中最重要的部分，这有着更重要的意义，这就是为什么我们是教练的原因。"

始终行为端正

这应该是不言自明的，你必须确保在场上和场下都做出理性的决定。不要做任何你不希望刊登在报纸头版的事情。保持纪律性，你必须明白，你在场外做的事情会影响你球员的意志，他们会跟随学习并将这些带入场内。以身作则，确保你的行为是值得别人效仿的。你永远不知道谁在看着，没有人关注的人生是没有意义的。你的品格要么引领别人走向他们的命运的正途，抑或将他们毁灭？

给球员训练的五点建议

我从球员成为教练并没有很久。我知道如何教授篮球知识和技术，也记得进行训练是什么样的。我很容易想到我教的小学生，因为我教他们的时候我也在训练。球员们，在你们开始学习和训练前，我希望你们记住一些事情。你们需要明白，全世界的球员都做着差不多的训练，学习着差不多的概念，你怎么从这么多球员中脱颖而出？答案很简单，但做起来却不容易。你必须保持高强度的训练，对于高难度的技术动作要有耐心，持之以恒，直到能熟练掌握这些技术。然后你必须保持这些习惯，进行长时间的训练，以完成一些有意义的事情。对于每个我训练过的球员，无论他们是来自 NBA 或者是初学者，我都会与他们分享 5 条训练原则。

1. 成为球场上最努力的人。改变比赛的最简单的方法就是改变你的职业道德。保持高强度的训练，每次训练都保持比赛的速度，或者更快。

2. 成为球场最有激情的人。你的身体可以疲惫，但你的精神不可以，与队友击掌、撞胸或者用言语鼓励他们来领导你的球队。一个有着激情和正能量的人总是能在队中找到自己的位置。

3. 永不放弃！如果你坚持不懈持之以恒，没有你不能完成的事情。失败和困境只是你学习的一部分。

4. 对自己的要求比周围人更高，如果你想要获得更多，你就要期待更多。设立高标准，追求卓越。

5. 耐心：愿意等待！成功没有捷径。长时间重复做单调的事情是成功的关键，慢即是快！在成长的道路上感激并庆祝每一个微小的改进，时刻甘愿等待更大的进步。

现在你已经准备好了练习和学习，并且对如何教导和训练有了基本的认识，那接下来让我们深入学习篮球的基本知识和技术。

图表关键点

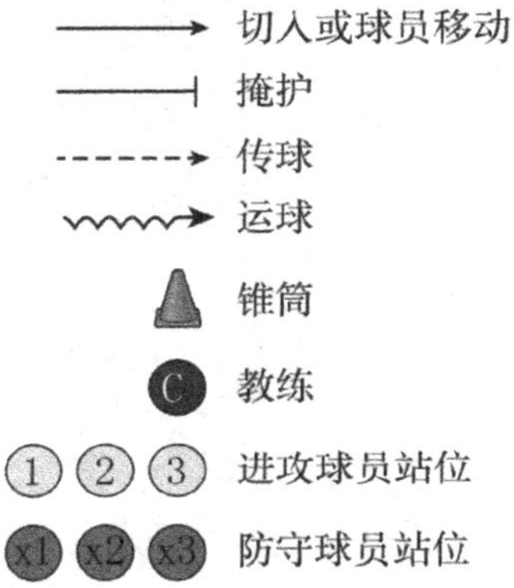
切入或球员移动
掩护
传球
运球
锥筒
C
教练
1
2
3
进攻球员站位
x1
x2
x3
防守球员站位

第 1 章

运　球

运球是个必须掌握的技能，你不需要找到体育馆，也不需要队友或者篮筐来提高你的运球技能。你只是要一个篮球、一块硬的地面和一种努力工作的精神。我的经验告诉我，全世界有许多运球好手，但擅长持球推进的不多。作为一名优秀的持球推进手，你必须擅长运球，但并不是所有运球手都是持球推进手。在运球这一章节，我的重点在于训练可以持球推进并突破防守的技能。运球突破技术能让你和你的球队处于有利位置。能够带球突破防守的球员能够为自己创造更好的投篮机会，提高队友的投篮命中率，赢得犯规以及抢到更多进攻篮板。这就是成为一个出色控球手的好处。我发现有些教练花大把时间把球员训练成投手，但他们却没有教会球员运球和突破的基本技术。在第一部分，我将讲述运球训练的基本要素，以便大家理解和记忆。第二部分，我将帮助你们打磨技术，让你们在球场上运用技术获得胜利并控制比赛。那么现在带上篮球跟我一起来学习运球吧。

合理控制运球，而不是让球控制你

有用的运球可以击穿防守、缓解压力、创造机会，但是运球过多也会导致更多的失误、更低的投篮命中率以及挫伤队友士气。合理运用控球，不要运球过多。怎么做呢？学会带着目的去运球，在比赛中，运球的目的只有四个。

1. 得分

如果你眼前开阔，看到一片无人区域，或者具有优势，你可以运球然后摆脱防守得分。

2. 创造更好的传球角度或缩短传球距离

如果你的队友距离比较远，没有合适长传的机会，或者你需要一个更好的角度传球，通过运球帮助你完成这次传球。

3. 缓解防守压力和摆脱困境

如果遭遇包夹或者面临巨大的防守压力，通过运球创造空间摆脱困境。

4. 带球推进

如果队友没有准备好接传球，通过运球把球带到前场。

保持运球状态不要停球

如果你参加一场青年队篮球赛，你会发现你处于一个疯狂和令人激动的场景。这些运动员尽管还在学习当中，但他们在赛场上就像打 NBA 总决赛第七场一样。你将不可避免地看到这一幕反复上演：约翰尼接到传球后不假思索就立即开始运球，然后更糟糕的情况发生了，约翰尼在没有想好下一步如何处理后就停止运球，导致他处于非常不利的位置，然后出现失误。一旦你开始运球，就应该保持运球状态，直到你找到下一步处理球的方法。处理方式包括直接得分或传球制造得分机会。没有想好下一步就停球将会让你陷入非常不利的境地。所以，一旦你决定开始运球，就要想到尽量不要失球。

学会双手运球

左右手都能同等熟练地运球也是一个必须掌握的基本技术，如果你想要成为一个出色的控球手，你必须双手都能运球。如果你只能一只手运球，那么你的选择就会减少一半。用你的身体挡住防守球员，护好球。向右边运球就用右手，向左边运球就用左手。当进行这章的训练时，必须双手都训练。如果你想要在真正的比赛中运好球，这是必须要做的。据我观察，如果你训练更弱的那只手，那么你更强的那只手也会得到加强。所以，如果你只训练一只手，那就一定要训练更弱的那只。训练的目的在于，不要有运球弱侧手的存在。

保持身体蜷曲

打篮球要降低重心，几乎整场比赛都如此。只有当你投篮、抢篮板球以及试图封盖对手投篮时，你的身体才会完全舒展开来。即使这些动作也是从低重心姿态开始的。无论是进攻还是防守，你几乎要始终保持膝盖弯曲，臀部下沉，双脚与肩同宽。想象一下，响尾蛇是致命的杀手，但它如果没有蜷曲身体，威胁也就不大。如果你运球时身体没有蜷曲，没有降低重心做好上篮、投篮和传球的准备，你对防守球员也没有威胁。如果你保持身体蜷曲，你将会变得更快更强，会更好地保持平衡。你的重心应该降到多低？这要看你身前对手球衣的号码来判断，你的球衣号码应该比他们的都低。重心降的更低的球员一般都能赢。通过蜷曲身体可以获得优势，对防守球员构成致命的威胁。

响尾蛇式练习

分解

准　备

- 一名球员参与，使用一个篮球和一个网球。

训　练

1. 球员用一只手原地运球，同时另外一只手把网球放在地板上，然后捡起来，一直重复这个动作。

2. 当重复放置和捡起网球的动作时要注意，弯曲的是膝盖，而不是背部，同时需要一直保持低重心姿态。

3. 球员每只手训练 30 秒。

教学点

在进行 30 秒练习时，球员需要保持低重心姿态，尽量目视前方，用余光定位和找到网球。

用手指控球：吸收球反弹力

要完全控制好球，必须确保手掌不和球接触。球员用手指和指尖控制球，尽可能张开手指，才能够最大可能控制好球。在任何时候，手掌和球之间都保持两指的距离，当手指接触到球时，手如同一个吸盘，能够轻易吸附和掌控球。

指尖运球练习

分解

准　备

- 一名球员参与，使用一个篮球。
- 球员单膝跪下。

执　行

1. 球员开始运球，运球高度离地板 1 到 2 英寸（2.5 到 5 厘米）。
2. 球员全神贯注于保持手掌和球的距离，只用手指和指尖运球。
3. 球员用左右手各进行训练 1 分钟。

教学点

如果球员在保持篮球与手掌距离时有困难，先暂时停下训练，用手掌向上托起篮球。然后球员调整手托球的姿势，使球处于手掌之间并能插入两根手指。做到这点后，再继续训练。

提高运球能力

我告诉球员运球时要用力，恨不得在地板上砸个坑。NBA 全明星克里斯·保罗（Chris Paul）说过，他运球很用力，如果他运球时突然把手撤开，球会弹到球馆的天花板。当今最好的控球手都有些共同之处：他们用整条手臂的力量加快运球，而不只是手腕。只用手腕运球你只能是一个普通的控球手，而你应该并不想要普普通通，你希望出类拔萃。

最好的控球手运球时手肘打开的方式和他们投篮和传球时一样。你在投篮、传球和运球时手肘应该完全打开。试试无球时假装完成一个投篮动作，球离开手的时候停住，这时候你的手肘应该是最大限度展开的。把自己想象成一个拳击手，用你的运球去摧毁防守。拳击教练会告诉拳手们要彻底完成击打动作，不是打击目标，而是击穿目标。

运球时手肘完全张开，大力击球，击穿防守。你应该大力运球的原因有以下几个：

- 球的快速运转将提升你的速度。
- 你将更好地控制球，因为球在你的手中时间更长。
- 运球更快能帮助你更快地阅读防守和对防守做出反应。

运球并将球摁于地面练习

分解

准　备

- 一名球员参与，使用一个篮球。
- 球员持球，降低重心，保持运动准备的站立姿态。

执　行

1. 球员原地大力运球 10 次，运球时手肘完全打开（见图 1.1a）。

2. 在第 10 次运球时，球员直接将球摁死在地板上，手肘保持完全打开的姿势，以强化运球时球出手的技术要领（见图 1.1b）。

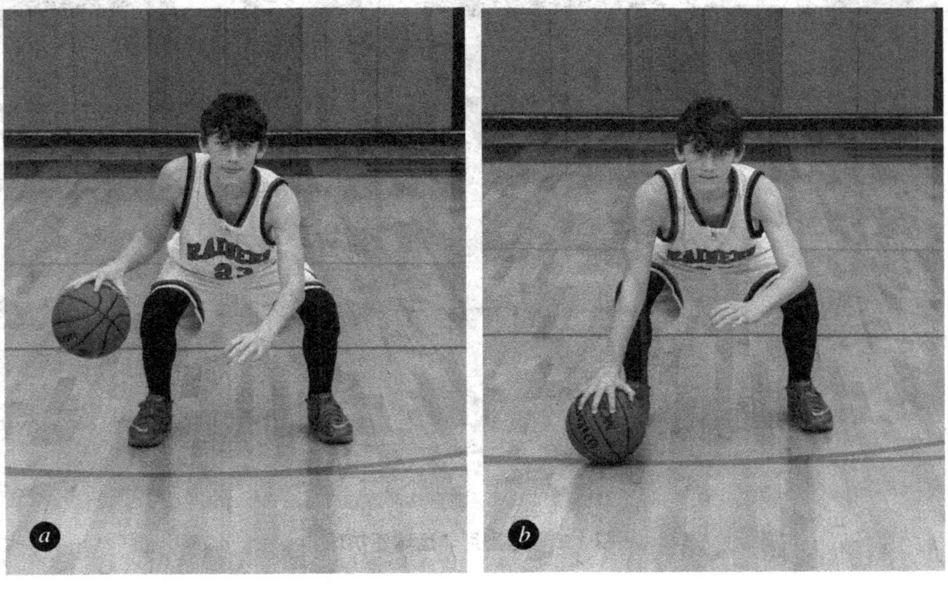

图 1.1　运球并将球摁于地面练习

3. 球员捡起球重复第一步和第二步。

4. 球员用左右手各训练 1 分钟。

教学点

为了运球时能更好的发力，每次运球时球员都应该呼气。研究表明呼气能够增强力量，速度和爆发力。

护 球

保护球对于一个控球手来说至关重要。你的第一责任就是确保球权在自己或者队友手中。养成用非运球手护球的习惯，用非运球手将篮球和防守球员分开（见图 1.2）。当防守压力过大时，也可以用整个身体将防守球员与篮球隔开。

图 1.2　适当用非运球手护球

运球击掌练习

分解

准 备

- 两名球员参与，使用两个篮球。
- 两名球员面对面持球，两名球员之间的距离不超高一个手臂的长度。

执 行

1. 每名球员开始用右手在原地运球。
2. 在运球同时，两名球员用非运球手击掌。
3. 球员用左右手各训练 1 分钟。

教学点

这是一个有趣的练习，通常是球员的最爱，这个练习将加强球员用非运球手护球的能力。

培养球场视野

如果你不能发现球场上的机会，比如处于空位的队友和轻松上篮的机会，即使你运球再出色也无济于事。球员在场上必须有开阔的视野，不仅要阅读当前的防守，还要阅读下一级的防守。目光向前是不够的，你必须有效利用你的视野。我告诉球员要始终能看到球场中央或是篮筐，这样他们的余光就能看到整个球场。

伊丹·拉文练习

分解

准 备

- 一个球员参与，使用一个篮球。
- 球员在场上运球，教练或者一个队友站在篮下。

执 行

1. 教练或者队友指向前后左右四个方向，向球员发出指令，球员必须对指令做出回应（见图 1.3）。

2. 如果球员得到的指令是向右移动或向左移动，他们必须运球向相应的方向侧移。

3. 如果球员得到的指令是向前移动，他们必须快速运球向前。

4. 如果球员得到的指令是向后，他们必须运球向后移动。

5. 球员进行 30 秒此训练。

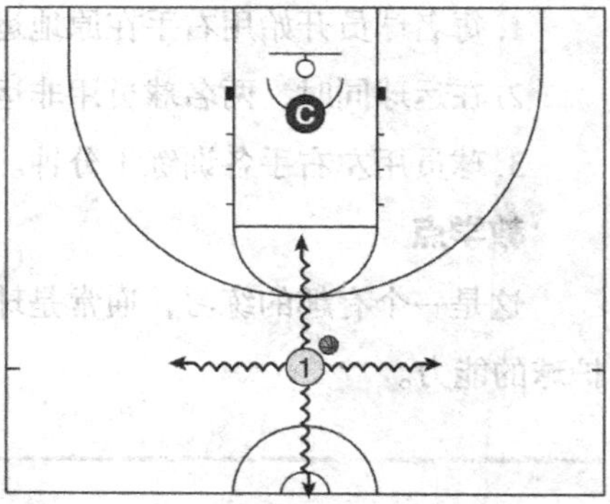

图 1.3

教学点

球员目视前方还不够，他们必须将目光固定在球场中央，这样他们就能用余光看到整个球场。进行这项训练时必须将目光聚焦在球场中央。

基本运球技巧

所有控球手都需要从防守球员那里创造空间。本节讨论的 5 个运球基本动作将会帮助你缓解防守压力，自信从容地处理好球。创造空间的基本方法如下：

- 变向。
- 变速。
- 使用向后运球。

以下清单将会帮助你理解这 5 个运球动作。

急 停

当你快速运球推进，防守球员站好位或者是往后退时，急停是一个很常用的运球动作。当进行运球急停时，遵循以下正确的动作顺序。

运球急停动作顺序

1. 迎着防守快速运球推进。

2. 突然停止前进。

3. 进行原地运球。

4. 在身体外侧运球，而不是在体前运球。

5. 用非运球手护球。

6. 目光直视篮圈。

7. 暂停。

8. 突然加速运球过掉防守（见图 1.4）。

图 1.4 运球急停，注意运动员的脚步。

后退运球

当防守球员对运球球员施加巨大的防守压力时，运球球员通常使用后退运球来创造空间。当进行后退运球时，遵循以下正确的动作顺序。

后退运球动作顺序

1. 进入运球姿态，用身体将篮球和防守球员隔开。

2. 沉肩，将内侧肩膀指向防守球员胸部。

3. 将下巴指向内侧肩膀，目光留在场内。

4. 大力低重心运球（球反弹高度在膝盖以下），运球点在后脚之后的位置（见图 1.5）。

5. 向后运球两下。

6. 撑开身体挡住防守球员，思考处理球的方式。

图 1.5　后退运球

体前变向运球

当你运球在场上推进，而防守球员阻挡了你推进的线路时，体前变向运球是一种常用的运球技巧。但体前变向运球也是容易造成失误的，因为在身前交换运球手正好把球暴露给了防守球员。只有当你和离你最近的防守球员依然至少有一臂空间时，才可以使用体前变向运球，记住这点很重要。当进行体前变向运球时，遵循以下正确的动作顺序。

体前变向动作顺序

1. 大力低重心运球，运球点在膝盖之外（见图 1.6a）。

2. 以低于膝盖的高度将球运向另外一只手（见图 1.6b）。

3. 从膝盖外侧运球，将球运向另一侧膝盖外。

4. 用非运球手护球（见图 1.6c）。

5. 将重心落在内侧的那只脚上，突然发力过掉防守球员。

图 1.6　体前交叉运球

胯下交替运球

当运球在场上推进，而防守球员阻挡了你推进的线路时，胯下运球是另一种常用的技巧。与体前变向不同，胯下运球在防守球员离你很近的情况下也可以使用，因为当你在胯下运球时，你的身体起到了阻挡防守球员的作用。当进行胯下运球时，遵循以下正确的动作顺序。

胯下交替运球动作顺序

1. 保持大力低重心运球，运球点在膝盖外侧（见图 1.7a）。
2. 停止，转换成坐姿，分开双腿。
3. 左右手在胯下交替低重心运球，篮球在两腿之间穿过（见图 1.7b）。
4. 用非运球手护球。
5. 重心降到内侧脚上，突然发力过掉防守球员。

图 1.7　胯下交替运球

背后交替运球

当运球在场上推进，而防守球员阻挡了你推进的线路时，背后交替运球是另一种常用的技巧。当防守球员紧贴时，也可以使用背后交替运球，因为这时身体已经很好的将篮球与防守球员阻挡开来。当进行背后运球时，遵循以下正确的动作顺序。

背后交替运球动作顺序

1. 保持大力低重心运球，运球点在膝盖外侧（见图 1.8a）。
2. 在背后双手交替低运球（见图 1.8b）。
3. 用非运球手护球。
4. 重心降到内侧脚上，突然发力过掉防守球员。

图 1.8　背后交替运球

运球反应练习

分解

准 备

- 一个球员参与，使用一个篮球和两个锥筒。
- 球员持球站在中场准备。
- 教练站在钥匙区（罚球圈以外区域）顶端，处于两个锥筒的中间，如下图所示。

执 行

1. 球员快速运球攻击一个锥筒的外侧（见图 1.9）。

2. 到达锥筒时，如果教练没有采取移动阻断球员，球员继续朝相同方向运球上篮或者跳投。

3. 如果教练在锥筒旁侧移阻断了球员的路线，球员迅速阅读防守，做出反应，变向，走两个锥筒之间，完成上篮或者跳投。

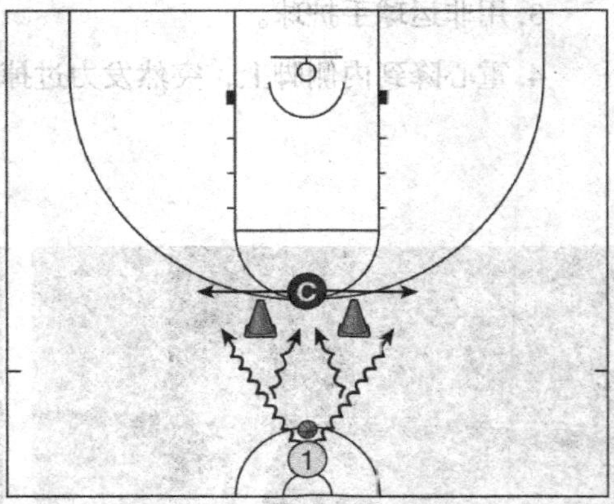

图 1.9 运球反应练习

4. 球员反复进行这项训练，用到体前变向、背后运球、胯下运球等技术分别尝试此练习。

关键点

这项训练能极大加强球员正确阅读防守和做出正确反应的能力。在比赛中并没有足够的时间去思考，球员需要在训练中建立起本能的反应。

打开防守球员的大门

打开防守球员大门的关键之匙就是主动出击和做出反应，作为一个球员，你必须两者兼备。

主动出击

迈克尔·乔丹（Michael Jordan）曾经说：“防守球员就是我的玩偶，我想要他们干什么他们就干什么。”在出击模式中，运球手通过做出进攻动作对防守球员发起攻击，从而获得有利形势。例如，通过进攻动作调动防守球员（向左或向右），打开防守球员的大门，创造通往篮圈的空间。你必须有对防守球员的进攻动作，这些动作可以促使防守球员做出某个特定的反应，你从而可以获得完全的掌控。

做出反应

运球的速度很重要，但你阅读防守和对防守做出反应的速度同样重要。如果他们先采取行动，我们就需要利用他们的防守攻击性并有效做出正确回应。例如，如果防守球员的手放的很低，那么他的重心就很低，你的回应就是直接投篮。很多时候，最好的动作并不仅仅是一个动作，而是一个正确的回应。

运球思考练习

分解

准　备

- 两名球员参与，使用两个篮球。
- 两名球员各执一球，面对面站立。

执　行

1. 球员 1 原地运球，球员 2 模仿球员 1 做出相应的运球动作。
2. 两名球员在进行这项训练 1 分钟后互换角色。

教学点

这项训练能够很好地培养球员阅读防守和对防守做出反应的能力，以及帮助球员养成运球时抬头目视前方的习惯。球员配对时应该选择水平相近的球员。

第一步

在将你的出击和反应的钥匙插进防守球员的大门后，你必须学会如何建立对防守球员的优势，打开防守的大门。无论你使用什么进攻动作，你必须运用前脚、肩膀以及篮球在第一步上击败防守球员。这需要你在跨越防守球员攻击篮筐的第一步中采用低重心、大步伐的跨步。如果你第一步击败对手，那么你就获得了优势，打开了通往篮筐的大门。

沿锥筒跨一步练习

分解

准 备

- 一个球员参与，使用一个篮球和一个锥筒。
- 球员手持篮球，锥筒放置在禁区线上。

执 行

1. 球员用单手运 10 次球。
2. 在运第 10 次球的时候，降低重心，沿着椎体迈出一大步。
3. 降低重心，沿着锥筒侧前方迈出一大步。
4. 球员确保中轴脚、肩膀和篮球在锥筒一侧。
5. 一旦进入这个姿势，球员用非运球手捡起锥筒（弯曲膝盖而不是背部），并将球运向禁区的另一侧（见图 1.10）。
6. 一旦到达禁区的另一侧，球员重复这项训练并返回。
7. 球员左右手各训练 60 秒。

图 1.10 沿锥筒跨一步练习

教学点

这项训练对所有级别的球员都很重要，特别是对那些容易跟着球走，而不是用脚步主导的女球员。正确的技术动作和顺序将帮助球员提高持球推进技巧。

关上防守球员的大门：摆脱或卡位

当指导球员通过进攻动作摆脱防守时，“关上防守球员的大门”这句话经常被用到。任何进攻动作最完美的结局就是进攻球员获得并保持一个位于对手和篮筐之间的内部位置。可以通过摆脱防守、获得位置和冲击篮筐等方式获得内部位置。

摆　脱

一旦你出色的第一步击败了防守，下一步就要通过摆脱来关上防守的大门。你的双脚将给你自由，球会帮助你从防守球员那获得空间。你可以从一个球员一次运球覆盖的区域来判断他的爆发力。出色的突破手懂得利用他们所创造出来的打开防守球员大门的机会迅速摆脱防守获得的优势。这将会增加下一波防守的压力，为持球球员和他的队友们创造得分机会。

位置和通向篮圈

这项技术通常被叫作 2 个 P。这项技术无关速度，是进攻球员和防守球员通向篮圈的两个脚步的竞争。第一步是沿防守球员侧向朝篮圈方向迈出，第二步则使进攻球员完全摆脱防守球员。例如，运球球员右脚朝着篮圈方向、贴着防守球员的脚向前迈出一大步（见图 1.11a），紧接着左脚跟上，获得一个位于篮圈和防守球员之间的内部位置（见图 1.11b）。这项技术把防守球员甩在了身后，进攻球员获得了内部位置，关上了防守的大门。当使用该技术时，比赛节奏会变慢，这让持球球员有更多时间正确阅读防守和做出正确的反应。

图 1.11　关门技术

四点锥筒练习

分解

准　备

- 一名球员参与，使用四个锥筒，位置如下图所示。

执　行

1. 球员必须尽可能快地完成这项练习。

2. 球员从三分线位置运球一次完成上篮，从中场位置运球两次完成上篮，从球场四分之三的位置运球三次完成上篮，从另一端的底线运球四次完成上篮（见图 1.12）。

3. 计算球员从开始到完成最后一次上篮所用的时间，记下他们所用的时间。

4. 球员用左右手运球分别完成该练习。

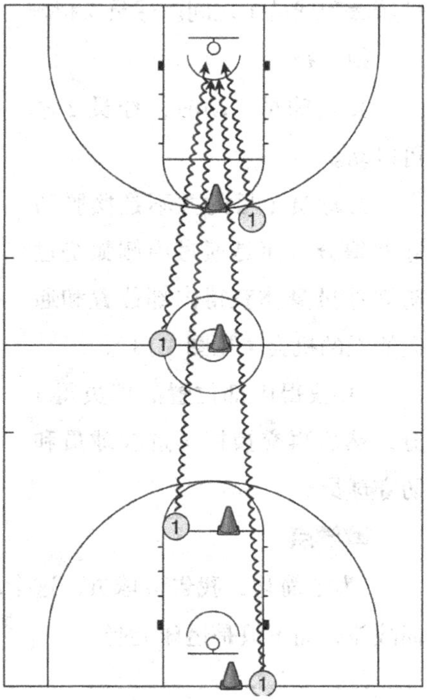

图 1.12　四点锥筒练习

教学点

为了加强难度，球员一次可以运两个球，从不同位置运适当次数的球，当到达篮下时，用外侧手上的那个球完成上篮，另外一个球仍然保持在手上。

“关门”练习

分解

准 备

- 两名球员参与，使用一个球。
- 球员肩并肩站着，脚尖指向底线。球员 2（防守球员）占据内部位置，位于篮筐和球员 1 之间。球员 1 持球，并在 1 对 1 比赛开始时控制球。

执 行

1. 当球员 1 动时，球员 2 才可以动。

2. 球员 1 目的并不是摆脱防守并得分，而是通过内侧腿绕过防守球员身体获得内部位置和通向篮圈的机会（见图 1.13）。

3. 获得内部位置的球员得 1 分，然后再交换持球进攻球员和防守球员。

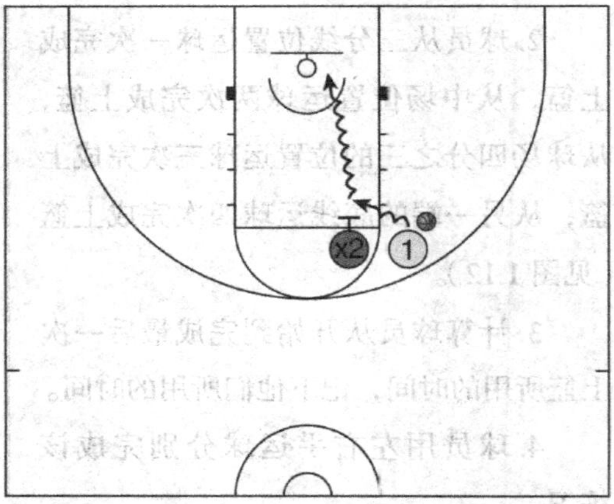

图 1.13 “关门”练习

教学点

为了简化，我告诉球员，这个动作就如同拳击，让他们记住要为内部位置而战斗，而不只是运球上篮。

急停同时保持平衡

球员必须有突然停住并同时保持平衡的能力。我曾经观察过一名职业球员的脚步运用，他突然而又精确地停住，我可以闻到他鞋底燃烧的味道。急停是一项被低估了的技术，它可以减少失误，帮助你更好控制平衡并做出下一步动作。一共有三种急停动作。

1. 一步急停

一步急停也叫作跳停。为了完成这种急停动作，球员跳向空中（不要跳太高），双脚同时落地，并保持平衡。

2. 两步急停

为了完成这种急停，球员在运球过程中左脚或者右脚突然先停住，另外一只脚随后跟上。

3. 多步急停

为了完成这种急停，球员在全速运球前进的时候突然变成小碎步，然后停住，保持平衡，保持运球状态。

红灯绿灯练习

分解

准　备

- 一名球员参与，使用一个篮球。
- 球员在底线持球，等待指令。

执　行

1. 当教练说“绿灯”时，球员在场上全速运球前进。
2. 当教练说“红灯”时，球员快速停住，并保持身体平衡。
3. 球员重复这项训练 60 秒。
4. 球员分别训练一步急停、两步急停和多步急停各 60 秒。

教学点

急停并保持平衡是一项非常重要的技术。球员需要保证在停住时身体不向任何方向倾斜，自身重量控制在两腿中间。

场上指挥官：交流

假设你在某一时段是球队的控球后卫，你负责带球推进，通过完成向侧翼的队友传球来开始进攻。有一个问题出现了：当你运球时队友并不处于空位时你怎么将球传到侧翼？这时需要运用一个被隐藏和忽视的技能：声音。一个出色的场上指挥官会给队友指令，如挡拆、切入和手递手传球等。找到你的声音！

场上成功交流的基础

1. 叫出你队友们的名字。

2. 尽早并经常性交流，使用提示。

3. 明确表达你要传递的信息。

4. 说重点而不是念标题。

5. 声音洪亮，语调自信。

6. 保持眼神交流。

场上交流练习

分解

准 备

- 六名球员参与、使用六个篮球。
- 球员肩并肩站立，每名球员各持一球，并开始运球。

执 行

1. 听教练指令，每名球员必须和另外一名球员交换球（见图1.14）。

2. 教练每次说“交换”，球员必须和不同的球员交换球。

3. 如果在任何时间停球了，训练停止。

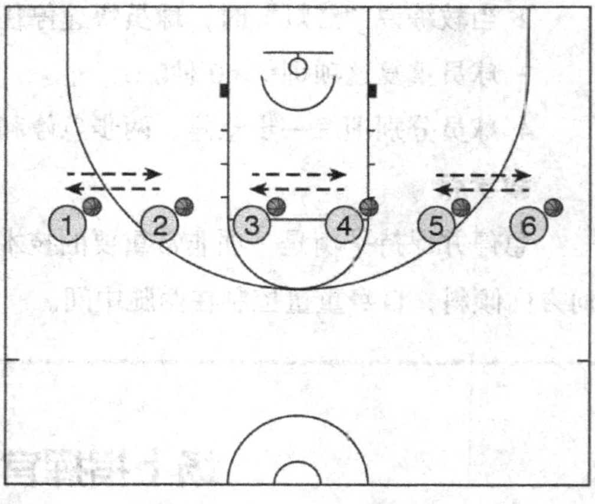

图 1.14 场上交流练习

教学点

这项训练加强了一个重要的基础：糟糕的交流可能会出现失误。

掌控节奏

当我开始和我妻子约会时，她还住在纽约哈莱姆区，有一次我去看她，她带我去著名的洛克公园看一场球赛，这让我很惊讶。场上的球员打球时都极具天赋和创造性，很有节奏感。这种掌控节奏的能力在很多教练看来是一种天赋，是后天学不来的。但据我观察，球员们的动作和对时间的把握都有一个共性。是什么让这些球员如此难以防守？他们懂得什么时候要慢下来。他们使用大幅变速，特别是在运球和加速时，这让防守球员失去平衡。他们的极快和极慢的节奏让人出其不意，当防守球员还意想不到的时候，他们已经突然以投篮、传球或上篮等方式击溃了防守。

由慢到快练习

分解

准 备

- 一名球员参与，使用一个篮球。
- 球员在边线持球，保持运动姿态。

执 行

1. 球员执行 5 次快速低重心运球，然后再执行 5 次慢速高重心运球。
2. 然后，球员全速运球冲向另一侧边线。
3. 球员从一侧边线运球向另一侧边线重复这项训练 1 分钟，然后换一只手运球再重复训练。

教学点

球员在训练时不能太过机械，他们应该在每套训练时有不同的节奏。

精 练

你现在对运球和上篮的基础有了基本的了解，所以让我们进入到精练环节。精练包括模拟比赛和对抗，这才是真正训练的开始。

双手运球突然松开一侧练习

精练

准 备

- 一名球员参与，使用两个篮球。
- 球员开始时降低重心，保持一个运动姿态。

执 行

1. 球员开始用最大力气同时运两个球，球的反弹高度在膝盖位置，每次运球时手肘完全打开。

2. 在完成 10 次运球时，将一侧手中的球松开，让它弹向空中（目标是让球反弹到天花板上），同时另一只手保持快速低重心运球。

3. 为了给这项训练计分，当第一个球落到地板上时，计算球员另一个手运球的次数。

4. 球员进行 30 秒该训练。

5. 球员换另一只手重复训练。

教学点

为了训练球场视野，球员的眼睛应该看着空中的那个球，而不是手上运着的那个球。

计分卡

大学青年队水平：1 到 3 次运球

大学校队水平：4 到 6 次运球

职业联赛水平：7 到 9 次运球

全明星水平：10 次以上运球

精　练

这项训练的目的为了加强球员的阅读比赛和反应能力。

鲍比 · 赫雷练习

精练

准　备

- 两名球员参与，使用两个篮球和一个锥筒。
- 球员持球分别站在两条边线上，开始用右手运球，锥筒放置于两名球员中间。

执　行

1. 球员 1 和球员 2 朝着锥筒相向全速运球。

2. 当他们到达锥筒时，球员 1 选择变向运球，如体前变向，胯下运球或者背后运球。

3. 球员 1 做动作，球员 2 必须成功模仿球员 1 的动作（见图 1.15）。

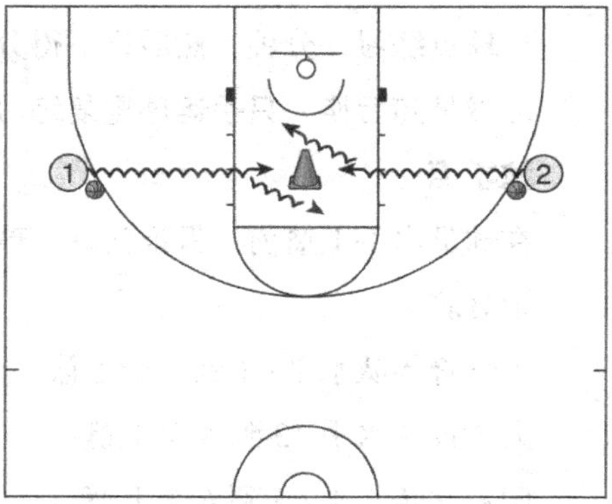

图 1.15　鲍比 · 赫雷练习

4. 在完成变向动作后，球员加速向另一端底线运球。然后再重复这项训练。

5. 球员 2 成功完成动作，不要打乱速度节奏或慢下来，获得 1 分。

6. 每名球员进行这项训练 1 分钟，记下他们的分数。

教学点

这项训练需要在全速下完成，球员不要打乱速度节奏或者慢下来，假动作也是不允许的。为了更好评估这项训练，球员在结束本练习前应该做两到三个不同的动作。

椅子练习

精练

准　备

- 一名球员参与，使用一把椅子和一个篮球。
- 球员站在钥匙区顶端，手持球，椅子放置在身旁。

执　行

1. 球员用外侧手运球 10 次。

2. 球员在运球第 10 次球时，外侧脚沿着椅子向外迈出一大步，同时用内侧手击打椅子。

3. 然后球员运球一次全力冲击篮筐完成上篮。

4. 球员每完成一次上篮得一分。

5. 球员练习一分钟，然后记下得分。

6. 球员随后换一只手运球重复练习。

教学点

在球员出手上篮前，保证篮球、球员的双肩和前脚都是位于椅子一侧的。

记分牌

大学青年队水平：1 到 2 个上篮

大学校队水平：3 到 4 个上篮

职业联赛水平：5 到 6 个上篮

全明星水平：7 个或以上上篮

变速练习

精练

准 备

- 一名球员参与，使用一个篮球和四个锥筒。
- 球员持球站在底线。

执行

1. 球员全速朝第一个锥筒运球。

2. 当球员到达第一个锥筒时停住，用非运球手触摸锥筒然后暂停。

3. 球员随后向其他几个锥筒运球，并重复以上动作（见图 1.16）。确保到达每个锥筒时速度有明显的从快到慢的变化。

4. 当球员到达中场时需要掉头，而用另一只手运球重复这项训练。

5. 球员持续进行这项训练一分钟。

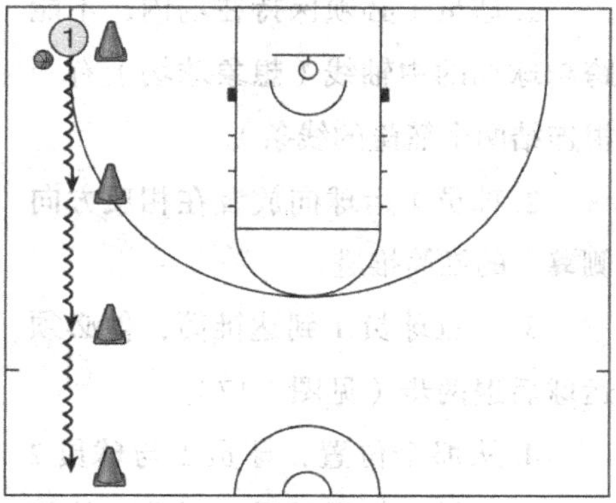

图 1.16 变速练习

教学点

很多时候，当我布置这项训练的时候，球员都是完成得太快了。为了保证球员在每个锥筒旁停留时间够长，告知球员在每次停顿时都看下手腕，就像他们戴着手表一样。球员默数两下后再加速向下一个锥筒运球。

全场1对1练习

精练

准　备

- 两名球员参与，使用一个篮球和5个锥筒。
- 球员1进攻，球员2防守，球员1在底线开始进攻，球员2贴身防守。

执　行

1. 球员1必须保持在场内，不能跨越球场的中轴线（想象球场上有一根连结两个篮筐的线条）。

2. 球员1运球向放置在相反方向侧翼上的锥筒推进。

3. 一旦球员1到达锥筒，他必须运球后退两步（见图1.17）。

4. 从那个位置，球员1与球员2一对一单挑，如果球员1得分，他将继续拥有球权。

5. 如果球员1没有得分，那么球权就交给球员2，然后交换场边。

6. 球员每进一个球得1分。

7. 当一个球员率先得到7分时，训练结束。

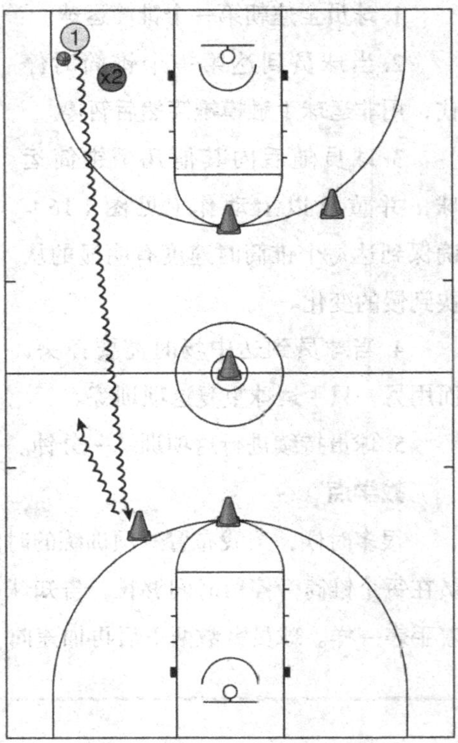

图1.17　全场1对1练习

教学点

球员需要运用摆脱和抢位技术以保持内部位置。

全场 Z 形路线运球练习

精练

准　备

- 一名球员参与，使用一个篮球。
- 球员持球站在底线。

执　行

1. 球员向右运两次球，变向，然后向左运两次球，再变向。球员重复这种模式，直到到达另一端的底线。球员可以尝试运用四种变向运球技术（见图 1.18）。
2. 然后球员继续运球回到底线。
3. 球员每次变向得 1 分。
4. 球员持续进行这项训练 1 分钟。
5. 记下得分。

教学点

球员应该抬头，目光保持在球场中央，而不是正在前进的方向。

记分牌

大学青年队水平：10 到 16 次变向。

大学校队水平：17 到 23 次变向。

职业联赛水平：24 到 30 次变向。

全明星水平：31 次或更多。

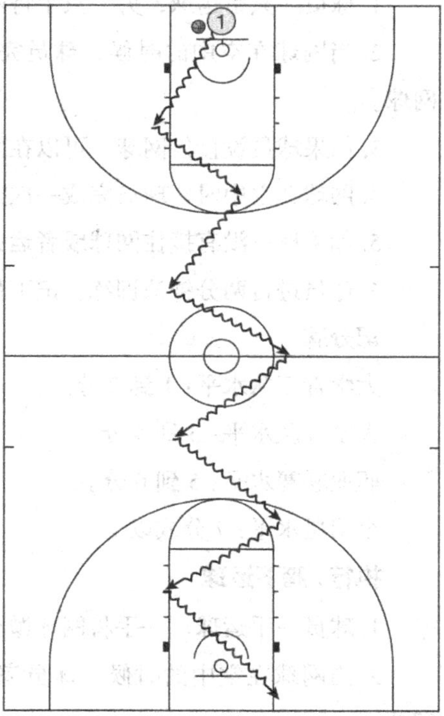

图 1.18　全场 Z 形路线运球练习

约翰·斯托克顿练习

精练

准 备

- 一名球员参与，使用一个篮球和一个网球。
- 保持运动姿态，手持一个篮球和一个网球。

执行：交叉运球

1. 球员一只手运球，另一只手将网球高抛至空中。

2. 当网球在空中的时候，球员完成尽可能多的交叉运球。然后球员再接住网球。

3. 如果球员没接住网球，可以在网球落地反弹一下后再抓住网球。

4. 网球在空中时，球员完成一次交叉运球得 1 分。

5. 如果球员没有接住网球或者运丢了篮球，该次动作不算入成绩。

6. 球员进行两分钟该训练，记下最高得分。

记分牌

大学青年队水平：1 到 2 分。

大学校队水平：3 到 4 分。

职业联赛水平：5 到 6 分。

全明星水平：7 分或以上。

执行：胯下运球

1. 球员一手运球，一手将网球抛至空中。

2. 当网球在空中的时候，球员完成尽可能多的胯下运球。然后球员再接住网球。

3. 如果球员没接住网球，可以在网球落地反弹一下后再抓住网球。

4. 网球在空中时，球员完成一次胯下运球得 1 分。

5. 如果球员没有接住网球或者运丢了篮球，该次动作不算入成绩。

6. 球员进行两分钟该训练，记下最高得分。

记分牌

大学青年队水平：1 到 2 分。

大学校队水平：3 到 4 分。

职业联赛水平：5 到 6 分。

全明星水平：7 分或以上。

执行：背后运球

1. 球员一手运球，一手将网球高抛至空中。

2. 当网球在空中的时候，球员完成尽可能多的背后运球。然后球员再接住网球。

3. 如果球员没接住网球，可以在网球落地反弹一下后再抓住网球。

4. 网球在空中时，球员完成一次背后运球得 1 分。

5. 如果球员没有接住网球或者运丢了篮球，该次动作不算入成绩。

6. 球员进行两分钟该训练，记下最高得分。

记分牌

大学青年队水平：1 到 2 分。

大学校队水平：3 到 4 分。

职业联赛水平：5 到 6 分。

全明星水平：7 分或以上。

教学点

在进行这项训练时球员全程不要注视篮球，这是我最喜欢的培养场上视野的方法之一。

抓握网球练习

精练

准 备

一名球员参与，使用一个篮球和一个网球。

球员降低重心，保持运动姿态。

执行：重击

1. 球员一只手大力运球，另外一只手手掌向下掷网球，然后迅速抓住。

2. 如果球员没抓住网球，可以在网球落地反弹一下后再抓住网球。

3. 球员在一只手大力运球时，另一只手每抓住一次网球得一分。

4. 如果球员运丢球或者没有抓住网球，该次动作不算入成绩。

5. 球员进行 30 秒该训练，记下最高得分。

记分牌

大学青年队水平：抓住 5 到 10 次。

大学校队水平：抓住 11 到 20 次。

职业联赛水平：抓住 21 到 30 次。

全明星水平：抓住 31 次或更多。

执行：交叉运球

1. 球员用一只手大力运球，另外一只手将网球抛向空中。

2. 当网球在空中的时候，球员迅速将篮球从体前运向另外一只手，然后用空闲的那只手抓住网球。重复这个动作。

3. 如果球员没抓住网球，可以在网球落地反弹一下后再抓住网球。

4. 球员在完成一次体前交叉运球后成功抓住网球得 1 分。

5. 如果球员运丢球，没完成一次交叉运球，或者没有抓住网球，该次动作不算入成绩。

6. 球员进行 30 秒该训练，记下最高得分。

记分牌

大学青年队水平：抓住 5 到 10 次。

大学校队水平：抓住 11 到 20 次。

职业联赛水平：抓住 21 到 30 次。

全明星水平：抓住 31 次或更多。

执行：胯下运球

1. 球员用一只手大力运球，另外一只手将网球抛向空中。

2. 当网球在空中的时候，球员迅速将篮球从胯下运向另外一只手，然后用空闲的那只手抓住网球。重复这个动作。

3. 如果球员没抓住网球，可以在网球落地反弹一下后再抓住网球。

4. 球员在完成一次胯下运球后成功抓住网球得 1 分。

5. 如果球员运丢球，没完成一次胯下运球，或者没有抓住网球，该次动作不算入成绩。

6. 球员进行 30 秒该训练，记下最高得分。

记分牌

大学青年队水平：抓住 5 到 10 次。

大学校队水平：抓住 11 到 20 次。

职业联赛水平：抓住 21 到 30 次。

全明星水平：抓住 31 次或更多。

执行：背后运球

1. 球员用一只手大力运球，另外一只手将网球抛向空中。

2. 当网球在空中的时候，球员迅速将篮球从背后运向另外一只手，然后用空闲的那只手抓住网球。重复这个动作。

3. 如果球员没抓住网球，可以在网球落地反弹一下后再抓住网球。

4. 球员在完成一次背后运球后成功抓住网球得 1 分。

5. 如果球员运丢球，没完成一次背后运球，或者没有抓住网球，该次动作不算入成绩。

6. 球员进行 30 秒该训练，记下最高得分。

记分牌

大学青年队水平：抓住 5 到 10 次。

大学校队水平：抓住 11 到 20 次。

职业联赛水平：抓住 21 到 30 次。

全明星水平：抓住 31 次或更多。

教学点

这项训练有助于提高球员对于球离开手时对球的保护能力，运球协调性、舒适性和掌控球的自信。

同时运两球练习

精练

准　备

- 一名球员参与，使用两个篮球。
- 球员降低重心，做好运动姿态，双手持两球。

执行：同步运两球

1. 球员双手同步运两球，球的反弹高度在膝盖高度。
2. 球员每次成功完成一次同步运两球得 1 分。
3. 球员进行 30 秒该训练，记下得分。

记分牌

大学青年队水平：运球 10 到 15 次。

大学校队水平：运球 16 到 25 次。

职业联赛水平：运球 26 到 35 次。

全明星水平：运球 36 次或更多。

执行：交替运两球

1. 球员双手交替运两球，球的反弹高度在膝盖高度。
2. 球员每成功完成一次交替运两球得 1 分。
3. 球员进行 30 秒该训练，记下得分。

记分牌

大学青年队水平：运球 20 到 25 次。

大学校队水平：运球 26 到 35 次。

职业联赛水平：运球 36 到 45 次。

全明星水平：运球 66 次或更多。

执行：体前交叉运两球

1. 球员双手同步运双球两次，然后同时在体前将两球运向另外一只手。

2. 球员每完成一次体前交叉运两球得 1 分。

3. 球员进行 30 秒该训练，记下得分。

记分牌

大学青年队水平：5 到 10 次交叉运球。

大学校队水平：11 到 15 次交叉运球。

职业联赛水平：16 到 20 次交叉运球。

全明星水平：21 次或更多交叉运球。

执行：胯下运两球

1. 球员双手同步运两球两次，然后在胯下同时将两球运向另外一只手。

2. 球员每完成一次胯下运两球得 1 分。

3. 球员进行 30 秒该训练，记下得分。

记分牌

大学青年队水平：5 到 10 次胯下运球。

大学校队水平：6 到 15 次胯下运球。

职业联赛水平：16 到 20 次胯下运球。

全明星水平：21 次胯下运球。

执行：背后运两球

1. 球员双手同步运两球两次，然后在背后同时将两球运向另外一只手。

2. 球员每完成一次背后运两球得 1 分。

3. 球员进行 30 秒该训练，记下得分。

记分牌

大学青年队水平：5 到 10 次背后运球。

大学校队水平：6 到 15 次背后运球。

职业联赛水平：16 到 20 次背后运球。

全明星水平：21 次背后运球。

教学点

用两个球训练可以让球员同时训练两只手的运球能力，这可以节省在训练场的时间。另外，这将球员推出了他们的舒适区。如果你能够同时双手运两个球，那么就能完全掌控一个球。

斯蒂芬·库里式单打练习

精练

准　备

- 两名球员参与，使用一个球。

执　行

1. 两名球员进行一对一单挑，球员 2 贴身防守。
2. 球员 1 只可以运 3 次球并投一次篮来得分。
3. 如果球员 1 得分，那么依然由他进攻。
4. 如果球员 1 没能得分，那么换球员 2 进攻，球员 1 防守。
5. 每投进一个球得 1 分。
6. 当一个球员得分达到 10 分，训练结束。

教学点

这是斯蒂芬库里曾给我展示的一对一训练。它帮助球员使用运球摆脱防守。球员在第一次运球时就必须移动，否则投篮选择将变得非常有限。

当我还是大学三年级的学生时，我立志成为世界上最好的控球手之一。我每周 6 天、每天数小时只训练运球技巧。6 个月后，我在 YouTube 上发布了一个 10 分钟的视频展示我的训练成果。那个视频很快就在网络上疯传开来，我开启了作为篮球训练师的生涯。这是我真正进入篮球的世界。自从那以后，我的运球技巧给我打开了多扇大门，成为我日后成功的关键。如果你能熟练掌握运球，你将获得持球推进突破的机会，并成为球队的宝贵财富。

第2章

传　球

名人堂教练约翰·伍登（John Wooden）曾说：“投进一次篮需要 10 只手”。这种无私的打法帮助他带领加州大学洛杉矶分校队夺得 1964 年到 1975 年 12 个赛季中的 10 个全美冠军。传球能力是所有出色进攻球队的基础。精准的传球可以减少失误，提高投篮命中率，提高球队士气。传球好的球队不担心由谁来投篮得分，谁来助攻得分，他们只是简单地为了获得更好的进攻位置而传导球。本章我们将讨论个人传接球技术，以及成功球队中有关于传球的重要理念。

传球 101

正确的姿势和基本功对成功传球至关重要。让我们回顾下传球时如何正确发力。

手肘向内

手肘保持朝向自己身体一侧，位于球的后方，这样可以保证直线传球。出色的投手保持手肘朝向内侧，以保证准确的投篮，这同样适用于有目标的传球。

用脚步保持平衡

为了保持良好的平衡和身体控制，传球的同时向前迈出一小步。如果你是右手主导球员，右脚迈出一小步；如果你是左手主导球员，左脚迈出一小步。平衡和身体控制对于保证准确的传球尤为重要，同时也可避免走步和被断球。

直线传球

两点之间直线最短。当进行空中传球时，不要传弧线球。慢传球和弧线球容易被断，然而直线球则容易到达接球队员手中。直线传球时手肘完全打开成直线，手腕往外推球，就如同要将球砸向队友。手肘提供传球力量，手腕发力使球后旋（见图 2.1）。

图 2.1　直线传球

击中目标

无论是传球穿透防守还是向处于空位的队友传球，都需要很高的精准度。球员传球正中目标可以降低失误的风险，提高投篮命中率。在我的训练营中，我经常见到不当的传球导致糟糕的投篮。传球的质量很重要，因为传球的质量同时也影响着投篮的质量。

向目标位传球练习

分解

准　备

- 两名球员参与，使用一个篮球。
- 球员面对面站在禁区两侧。球员 1 持球。

执　行

1. 球员 2 用优势手随机给球员 1 一个目标，并指明球员 1 应该做出何种传球（球员可以使用本章提到的任何一种传球）。
2. 球员 1 必须做出精准传球并击中球员 2 的手。
3. 球员进行该训练 1 分钟。

教学点

球员眼睛应该直视目标，手肘在篮球后侧，以保证传球的准确度。

传球路线

传球路线是进攻球员为了穿透防守、更容易完成准确传球而创造的空间或者角度。有四条穿透防守球员的传球路线。两条在防守球员肩膀上方，两条在手臂下方（见图 2.2）。即使是最出色的防守球员，也只能同时防守两条路线。为了成为一个出色的传球手，必须掌握欺骗的艺术，从而打开这些传球路线。为了穿透防守球员的双手，打开一条传球路线，记住先做假动作，然后再传球。假装传向右侧，实则传向左侧；假装传高球，实则完成一个低传球。一位极赋智慧的教练曾经说过：“传球前要先做假动作”。

图 2.2　传球路线

2对1传球练习

分解

准　备

- 三名球员参与，使用一个篮球。
- 球员 1 和球员 2 面对面站在禁区两侧，球员 3 防守。

执　行

1. 球员 1 和球员 2 相互传球，同时球员 3 进行防守。
2. 球员 3 只可以防守进攻球员中持球的那一个。
3. 如果哪个进攻球员失误或者传球不准确，那么他就要和球员 3 交换位置，成为防守球员。
4. 球员持续进行该训练 1 分钟。

教学点

在这项训练中，进攻球员一定要运用中轴脚创造传球空间。

传球类型

不同的比赛情况需要不同类型的传球，从而把球成功交到队友手中。一个进攻球员必须学会、掌握和明白传球的目的。现在让我们学习如何、何时和为什么要进行以下基本的传球练习。

胸前传球

胸前传球可能是比赛中最常用的传球方式。这种传球方式经常在攻守转换持球推进时使用，在半场进攻时，当传球球员与接球球员之间没有任何人时，这种传球也常被使用。要完成一个胸前传球，球员双手紧紧持球置于胸前，手肘弯曲位于身体两侧（见图 2.3a）。习惯右手的球员右脚朝接球员方向迈出一步，习惯左手的球员则迈左脚。传球动作一气呵成：迈出正确的那只脚，手肘完全打开，手腕往外推，手肘和手腕的力量完全爆发出来。当球传出时手掌朝外侧（见图 2.3b）。完成传球动作后手肘打开，手掌朝外，手指朝前，大拇指指向地面。

图 2.3　胸前传球：（a）手肘向内侧和（b）手掌朝外

胸前传球练习

分解

准 备

- 一名球员参与，使用一个篮球。
- 在墙上标记一个边长为 12 英寸（30.5 厘米）的正方形，与球员肩膀齐高。球员站在离墙 15 英尺（4.5 米）的位置。由于球要击中墙，因而要确保墙面足够硬。

执 行

1. 球员进行胸前传球，目标是击中正方形内侧。
2. 如果篮球没有击中目标，那么此次传球无成绩。
3. 记下球员 1 分钟击中目标的次数。

教学点

球员应该保持高强度训练，就如同在篮球比赛中一样，不要随意懒散地传球。

击地传球

击地传球通常用来穿透防守，如给向篮下切入的队友传球。当进行一个击地传球时，先做好一个三重威胁的姿势，双手应该紧紧握住球，手肘弯曲位于身体两侧。习惯右手的球员右脚朝着接球员方向迈出一步，习惯左手的球员则左脚迈出一步。传球动作一气呵成：迈出正确的那只脚，手肘完全打开，手腕抖动，手肘和手腕的力量完全爆发出来。当球传出时手掌朝外侧。完成传球动作后手肘打开，手掌朝外，手指朝前，大拇指指向地面（见图 2.4）。球的落点在你与接球球员之间距离的三分之二处，以确保球及时准确地反弹到接球球员手中。

击地传球练习

分解

准 备

- 一名球员参与，使用一个篮球。
- 在墙上标记一个边长为 12 英寸（30.5 厘米）的正方形，与球员腰部齐高。球员站在离墙 15 英尺（4.5 米）的距离。

执 行

1. 球员进行击地传球，目标是击中正方形内侧。
2. 如果篮球没有击中目标，那么那次传球无成绩。
3. 记下球员 1 分钟击中目标的次数。

教学点

正如之前提到的，球员应该传出大力的直线传球，如果球员的传球绵软无力，那么此次传球成绩无效。

图 2.4　击地传球练习

过顶传球

第三种基本传球方式是过顶传球。这种传球用来绕过对手的头顶，或者进行长传。例如快攻时的长传球。在进行过顶传球时，首先进入一个三重威胁的位置，将球贴近身体以保护球。如之前提到的那样，先向前迈出一步。传球动作一气呵成：将球举过头顶，手肘和手腕准备发力，注意不要过分打开，将球举到头后上方。当球出手时，大力打开手肘，手腕向前推动。当球出手后，手掌朝外，手指朝前，大拇指朝下（见图 2.5）。

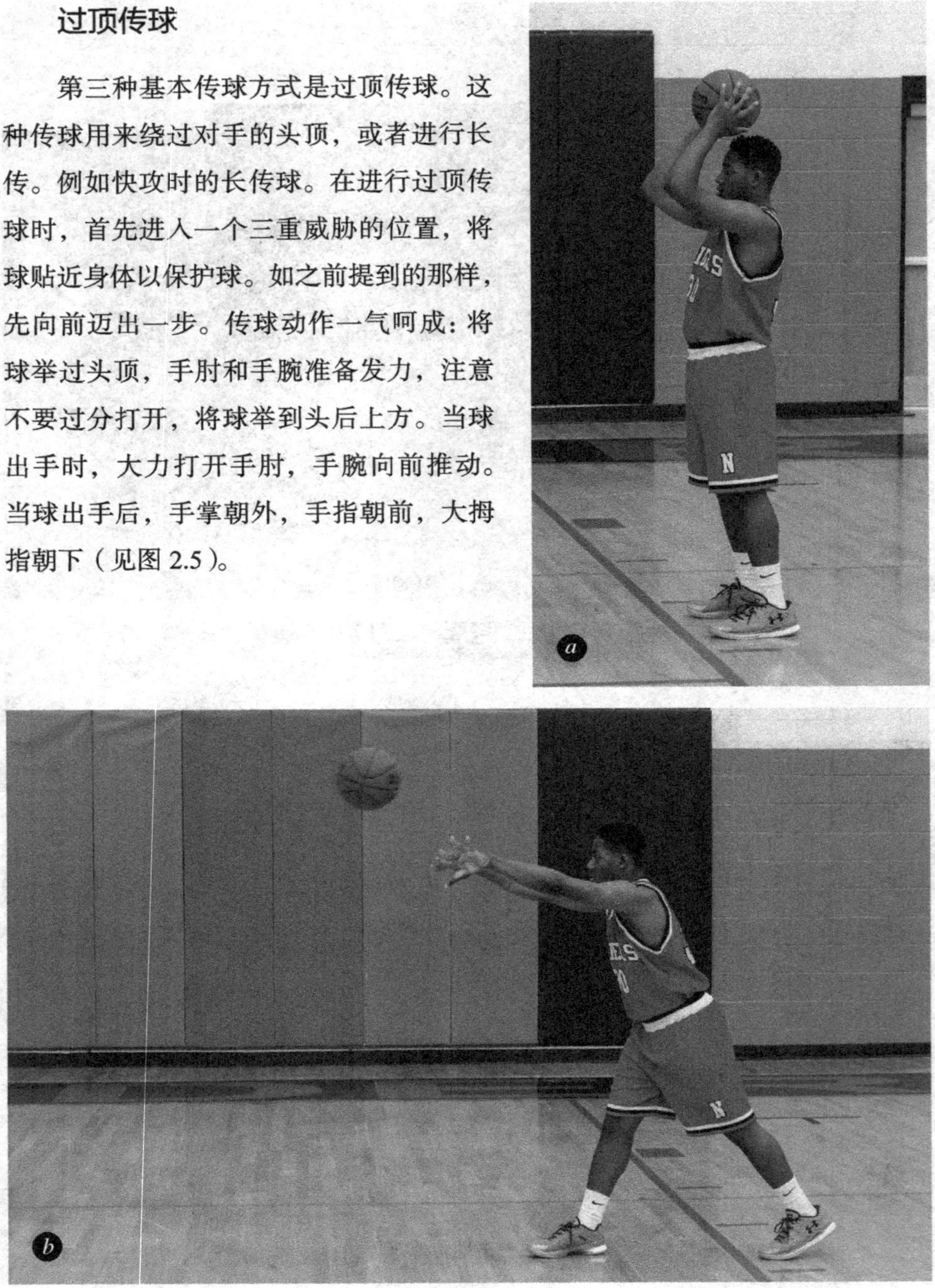

图 2.5　过顶传球

过顶传球练习

分解

准 备

- 一名球员参与，使用一个篮球。
- 在墙上标记一个边长为 12 英寸（30.5 厘米）的正方形，与球员肩膀齐高。球员站在离墙 15 英尺（4.5 米）的距离。

执 行

1. 球员进行过顶传球，目标是击中正方形内侧。
2. 如果篮球没有击中目标，那么那次传球无成绩。
3. 记下球员 1 分钟击中目标的次数。

教学点

球员不要直接将球举到头的后面，因为这样容易被抢断。这项技术叫作过顶传球而不是脑后传球，这是有原因的。

推 传

当防守球员贴身防守时，推传最常被用到。例如，当持球进攻球员遭多人包夹时，就可以用推传解围。推传可以让传球球员在用身体护球的同时从身体两侧将球传出。之前提到的传球方式都是用双手将球推出，而推传是用一只手完成的。和投篮很相似，有一只手只是将球扶住，并引导传球方向的。推传开始时，球员进入三重威胁姿态，双手紧握球并将其置于身体外侧。

在用身体护住球的同时，朝接球球员方向迈出一顺步（如果用右手传球就迈右脚）或交叉步（如果用右手传球就迈左脚）。球传出手时动作一气呵成：手肘在球后方弯曲，然后用外侧那只手将球推出，球传出时手肘完全打开。球出手后手掌朝外侧，手指指向目标，大拇指指向地面（见图 2.6）。

图 2.6　推传

推传练习

分解

准　备

- 一名球员参与，使用一个篮球。
- 在墙上标记一个边长为 12 英寸（30.5 厘米）的正方形，与球员肩膀齐高。球员站在离墙 15 英尺（4.5 米）的距离。

执　行

1. 球员进行单手推球传球，目标是击中正方形内侧。
2. 如果篮球没有击中目标，那么此次传球无成绩。
3. 球员用左右手各练习 1 分钟。
4. 记下球员左右手 1 分钟击中目标的次数。

教学点

确保球员在练习推传时使用两个方向迈步，顺步和交叉步。

三角传球练习

分解

准　备

- 三名球员参与，使用三个篮球。
- 三名球员站成三角形，每名球员相互之间的距离为 15 英尺（4.5 米），每名球员持一个球。

执　行

1. 每名球员用右手向右侧球员推传传球。
2. 球员接球后，再向右侧完成一次传球。
3. 球员练习 30 秒。
4. 30 秒后，球员改变传球方向，再向左侧传球 30 秒。
5. 这次训练的目的是完成 30 秒完美传球，球不能掉。如果一个球员掉球了，时间重新开始计算。球员完成 30 秒完美运球后才可以改变传球方向。

教学点

这是球员在团队中反复练习传球的有效方法。我在训练营中经常在球员热身环节中采用此练习。

团队传球

成功的团队传球需要耐心、无私、球场意识和交流。有效传导球的球队能够调动防守，创造轻松得分的机会。接下来，我们将学习几种能够提高团队传球成功率的重要概念。

穿透传球

任何穿透一层或者两层防守的传球都叫作穿透传球。第一层防守是防守你的球员，第二层防守是防守你队友的球员。给切入篮下的队友传球和给位于阻区的队友传击地球都是穿透传球的范例。穿透传球能够给队友创造靠近篮筐的得分机会，搏得犯规的机会和抢到更多进攻篮板的机会。作为一名优秀的传球手，你应当能够洞察这种机会。只有在你队友接球后很可能完成得分时才尝试进行穿透传球。如果你怀疑队友不能完成得分，那就不要进行穿透传球，只把球传给空位队友就好了。

简单传球

你在很小的时候就应该开始学习分享球和给空位队友传球。一个出色的传球手应该尽量做一些简单直接的传球。几次简单的传球就能创造一个轻松的得分机会，几次轻松的得分就能引导一波得分潮。简单的传球就是把球传给你第一个看到的处于空位的队友。没有必要将传球复杂化。传奇教练鲍比奈特曾说过："篮球很简单，完成传球，你将赢得比赛。"

再传一次

我听到出色传球球队反复说的一句话就是"再传一次！"他们不断传球寻找更好的得分机会。他们有好的投篮机会也不投，而是选择继续传球寻找更好的得分机会。他们之间传球的速度很快。进攻球员从球场一端向另一端传球的速度越快，对手就需要进行更贴身的防守，这样就可以为穿透传球和直接上篮创造机会。无私的球队和传球次数多的球队更加难以防守。

额外传球练习

分解

准 备

- 四名或以上球员参与，使用一个篮球和四个锥筒。
- 锥筒放置在两翼、钥匙区顶端和底角。

执 行

1. 球员1开始在锥筒1旁边运球，然后向球员2胸前传球。

2. 传球出手后，球员1跟着传球向第2个锥筒冲刺，球员同时大喊“再传一个！”

3. 接球后，球员2立即向球员3胸前传球。

4. 传球出手后，球员2跟着传球向第3个锥筒冲刺，球员同时大喊“再传一个！”

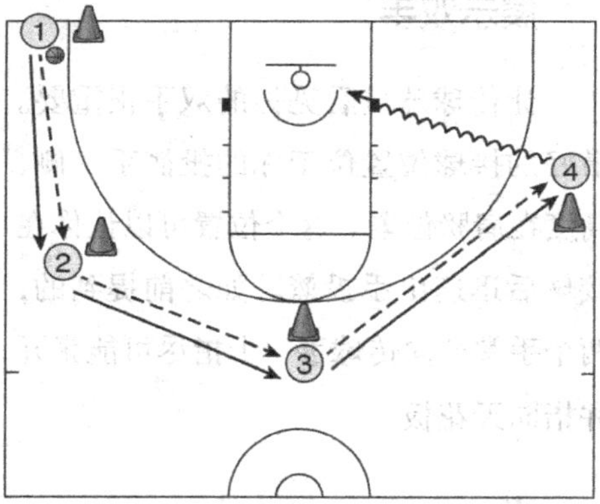

图2.7 额外传球练习

5. 接球后，球员3立即向球员4胸前传球。

6. 传球出手后，球员3跟着传球向第4个锥筒冲刺，球员同时大喊“再传一个！”

7. 接球后，球员4完成上篮（见图2.7）。

8. 完成上篮后，球员4收下篮板，回到第一个锥筒位置，重复训练。

教学点

多次传球是破解严密防守的关键之一。

接球 101

传球之后，接下来就是接球。我下面就讲讲作为一个出色接球手应该练习哪些基本功。

姿　势

为做好下一步动作，先进入准备姿势。膝盖弯曲，背部挺直，双脚与肩同宽。手肘弯曲置于身体两侧，手掌朝向传球手，十指指向天花板（见图 2.8）。

图 2.8　接球姿势

展示双手

让传球球员看见你的双手很重要。最好的接球位置位于你的投篮手一侧，高度在肩膀位置。这个位置可以让你在接球后迅速出手投篮。如之前提到的，两个手掌朝向传球手，十指尽可能张开并指向天花板。

说

你总是应该跟传球手说三件事：（1）传球手的名字（2）球（用一个强烈而自信的语气要球）（3）你在球场的位置（例如：卡洛斯！球！肘区！）。交流能够帮助传球手找到你。

看

在接到球之前眼睛一直看着球。看着球在空中的飞行，直到球与你的手产生接触。许多传丢球就是因为接球手眼睛没有看着球。

吸收传球

在接一个高速传球前，确保你的手指是张开的，手腕和手臂保持柔韧性，以吸收传球的冲击力。双手接球后，让球靠近身体，而不是手掌、手腕和手臂都很僵硬。

主动接球

当你被对手紧密防守时，使用手掌和脚步主动去接球。当传球还在空中时，冲向球并张开双手接球。总是想着要在场上不停移动位置，从而保持对球的控制。当你抓住球时，把球拿到你投篮手一侧的身体旁，对球进行保护。

接前先看

最好的接球手在接到传球之前就知道他将把球传向哪里，他们总是试着比对手先想一步。为了培养这种特殊的球场视野，你必须在接球之前先观察场上形势。在接球前扫一眼篮筐和中场，这将为你球队下一步动作获得一两秒的优势。

接球手动作要领

接球时什么是重中之重呢？这是个重要的问题。下面这个清单将告诉你应该按步骤完成哪些动作才能为球队创造机会。

1. 让自己身体正对篮筐，为自己寻找得分机会。

2. 如果自己没有得分机会，看看球场中央，是否有机会向罚球区有投篮机会的队友进行穿透传球。

3. 如果没有穿透传球的机会，就把球交给你第一个看到处于空位的队友。

4. 按照这个清单的内容做动作，以确保不会错过任何得分机会。

触摸锥筒传球练习

分解

准 备

- 两名球员参与，使用一个篮球和两个锥筒。
- 球员面对面站在禁区两侧，各自旁边放置一个锥筒。

执 行

1. 训练开始时先由球员 1 执球。

2. 球员 2 必须降低重心，触摸锥筒，保持低重心姿态，展示双手，要球（见图 2.9a）。

3. 球员 1 传球，球员 2 必须移动脚步伸手去接球（见图 2.9b）。

4. 当球员 2 接到球后，球员 1 必须降低重心，触摸锥筒，保持低重心姿态，展示双手，要球。

5. 球员 2 传球，球员 1 必须移动脚步伸手去接球。

6. 球员进行此训练 1 分钟。

教学点

球员在接到球之前必须一直看着球。

图 2.9　触摸锥筒传球练习

图 2.9　触摸锥筒传球练习（续）

三重威胁

接到传球后，进入一个三重威胁姿态，这可以让你成为一个更有效率的进攻球员。从这个姿势，你可以快速传球、投篮或者运球。为了进入这个姿态，你要让身体正对篮圈，降低重心，保持运动姿态，膝盖弯曲，双脚与肩同宽。双手于身前靠投篮手一侧紧紧握住球，投篮肘弯曲，高度低于球的高度（见图 2.10）。球离你的身体越远，你要面临的防守威胁就越大。将球紧靠身体，弯曲手肘，目的是释放更大的力量同时保护球。你的眼睛应该看着篮圈附近的区域，而不是某个队友或者某个方向。这让你能用余光看见整个球场，这将让你有更多处理球的选择。

图 2.10　三重威胁姿势

精　练

你现在已经对个人传球接球的基本功以及进行团体传球破解防守有了扎实的了解，那么现在是时候开始通过精练来提高你的技术，真正的训练开始了。

绕过锥筒传球练习

精练

准　备

- 两名球员参与，使用一个篮球和一个锥筒。
- 球员 1 持球站在钥匙区顶端，锥筒放置于阻区，球员 2 站在阻区后。

执　行

1. 球员 1 必须留在三分线外，向锥筒处的球员 2 完成一次击地传球，然后跑到罚球线（见图 2.11）。

2. 如果传球碰到锥筒，球员 1 获得 1 分。

3. 传球后，球员 2 接到球，然后传回给球员 1，球员 1 在罚球线附近完成投篮。

4. 如果球员 1 投篮命中，再得 1 分。

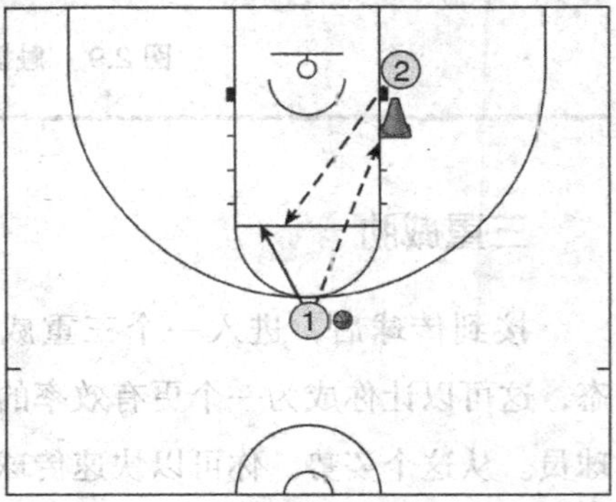

图 2.11　绕过锥筒传球练习

5. 如果投篮不中或者传球没有准确击中锥筒，则没有得分。

6. 球员 1 完成投篮后，轮到球员 2，球员 2 重复之前的步骤。

7. 球员进行练习 5 分钟，记下分数。

教学点

如果想加大训练的难度，可以再加一个篮球，这会迫使传球手用单手进行准确的传球。在这个训练中，进攻球员开始时在三分线附近持两球。球员 1 必须用单手向锥筒传球，然后运另一个球到罚球线完成投篮。

击打对方后背传球练习

精练

准　备

- 两支五人球队参与，使用一个篮球。
- 进攻球队第一次传球时计时开始。

执　行

这个训练的目标是通过传球、移动和交流，试图用篮球击中对方球队队员的后背（见图 2.12）。

1. 进攻球队球员不可以运球，中轴脚不可以移动，只可以传球。

2. 另一只球队不可以触摸球，他们应该尽量避开球，也不可以走出球场。

3. 当一个球员的后背被球击中，或者走到底线、边线和半场线外，那么他出局。

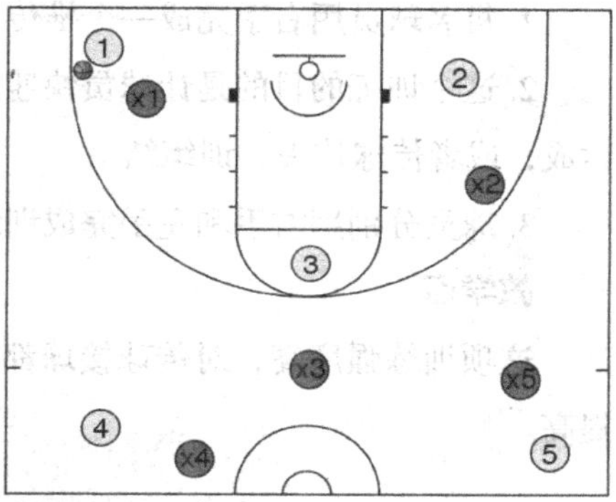

图 2.12　击打对方后背传球练习

4. 当 5 名防守球员都出局时，训练结束，停表，记下时间。

5. 两队攻防互换，重复训练。

6. 用时短的球队获胜。

教学点

这个训练对教会球员团队合作和交流非常有效，如果球员不说话不合作，获胜的希望非常渺茫。

快速传球练习

精练

准 备

- 两名球员参与，使用两个篮球。
- 球员面对面站在禁区两侧，各持一球。

执 行

1. 每名球员用右手完成一个推传，然后迅速再完成一个。

2. 这个训练的目的是让球员快速及时地将球传到另一名球员手中。如果目的达成，或者传球传失，训练结束。

3. 球员分别用右手和左手完成训练。

教学点

这项训练强度高，对传球接球都有压力，如果你重视这些技术，你就会得到提高。

50分传球练习

精练

准 备

- 两支五人球队参与，使用一个篮球。
- 这个比赛在半场进行。

执 行

1. 进攻球队球员不可以运球，中轴脚不可以移动，只可以传球（见图2.13）。

2. 防守球员只能一防一，不能够包夹。

3. 进攻球队每传球一次得一分，同时也可通过投篮命中得分。

4. 进攻球队投篮命中得10分，并依然拥有球权。

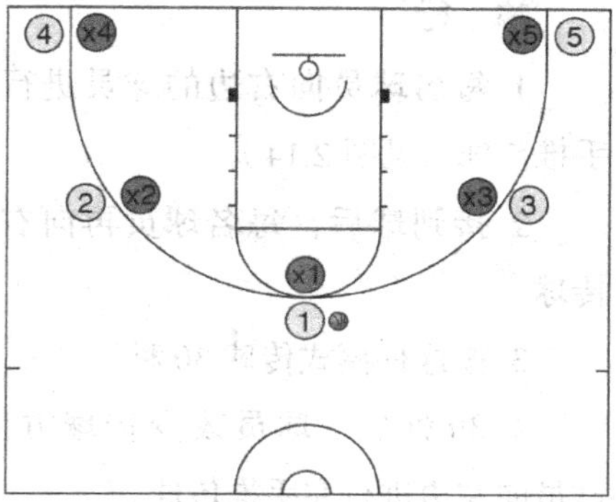

图2.13 50分传球练习

5. 如果防守导致进攻失误，或者传球出现偏差，或者进攻运球违例，那么进攻和防守球队转换角色，但进攻球队之前累积的得分依然保留。

6. 如果进攻球队投篮不中，交换球权，他们之前累积的分数也清零。

7. 一支球队得到50分比赛结束。

教学点

这项训练的目的是教会球员对球的有力掌控、无球跑动和投篮选择。这是我最喜欢的团队传球练习之一。

三角传球练习

精练

准 备

- 三名球员参与，使用三个篮球。
- 球员站成一个三角形，球员相互距离为 15 英尺（4.5 米），每名球员持一个球。

执 行

1. 每名球员向右边的球员进行右手推传球（见图 2.14）。

2. 接到球后，每名球员再向右边传球。

3. 按这种模式传球 30 秒。

4. 30 秒后，球员改变传球方向。球员向左边进行左手推传球。

5. 这个训练的目标是完成 30 秒完美传球，球不可以掉。如果有球员掉球了，重新计时。球员完成 30 秒完美传球后才可以转换方向。

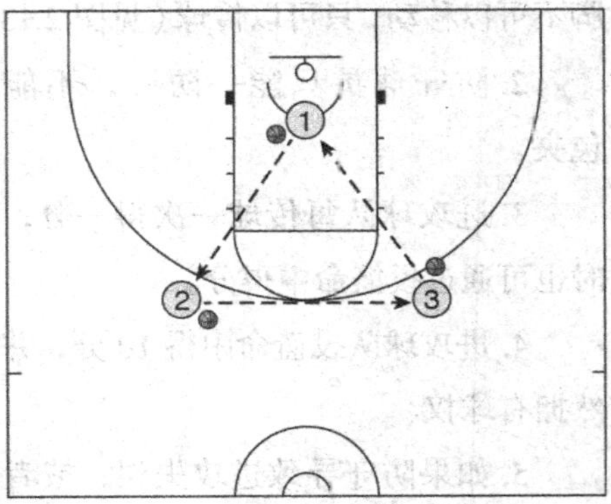

图 2.14 三角传球练习

教学点

在比赛中，球从球场一端传到另一端的速度越快，对手就要更贴身防守。这个训练对培养球员快速传球的习惯非常有用。另外，这个训练特别强调传球和接球技术。

终极传球练习

精练

准　备

- 两支五人球队参与，使用一个篮球。
- 这个训练使用全场。

执　行

1. 进攻球员不可以运球，也不可以移动中轴脚，只可以通过传球将球在场上推进。他们不可以出边线（见图 2.15）。

2. 防守球员必须一对一防守，不可以包夹。

3. 进攻球队如果出现失误、传球不到位或球落地板上，立即转换球权。

4. 这个训练的目标是完成向端区的传球，端区是指在底线以外的区域。

5. 如果完成向底端区域传球，进攻球队得 1 分，然后转换球权。

6. 球员进行训练 10 分钟，得分多的球队获胜。

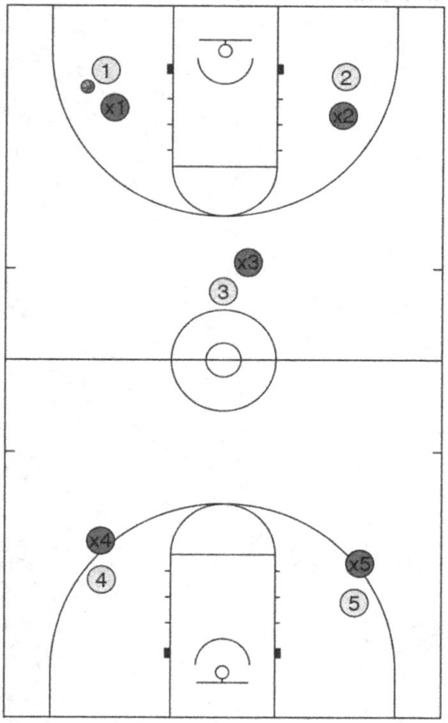

图 2.15　终极传球练习

教学点

你的球员会爱上这项训练。这一直是我训练营球员的最爱之一。你也有很多机会可以中断训练并对球员进行指导。

传球对一个球队的进攻至关重要。前 NBA 球星贾森·威廉姆斯（Jason Williams）曾说，小时候在西弗吉尼亚州时，他有当地训练馆的钥匙，在那里他经常连续训练几个小时却不投一次篮。几个小时里他只是用尽可能多的方法对墙传球。贾森对传球充满热情，这帮助他在 2006 年获得 NBA 总冠军。向贾森学习，拿起一个球，找到一面墙，开始运用你的想象力。假设自己正在比赛中，用比赛的速度向墙传球，直到你掌握传球技巧。如果你培养出了对传球的激情，你和你的球队都将获得提高。

第3章

内线得分

在靠近篮筐的位置投篮是一项被忽视的技术。尽管上篮是命中率最高的投篮，许多靠近篮圈的投篮也会经常投丢。离篮圈这么近的基本的投篮怎么都会投丢？最好的答案是离篮圈近的投篮一般都要面对极大的防守压力，这其实并不是一个简单的投篮。事实上，这是一项技术含量很高的投篮。球员经常使用但却并不情愿地进行高对抗性的上篮。为什么他们会选择这种技术含量高和命中率低的投篮方式呢？因为他们并不懂得如何开启得分模式去终结这些投篮。本章我们将讨论进攻的基本动作，帮助你开启得分的窗口，成功完成内线得分。我将这些技术分解在单人训练和一对一训练中。让我们开始吧，让你学会如何终结内线进攻。

终结基本功

当你完成一系列高难度动作后，却错失一个简单的内线投篮时你会感觉非常糟糕。在本节，我将概括内线投篮的必要技术，因而这种情况不会发生在你身上。

身体和球的控制

控制你的身体，不要让你的身体控制你！保持平衡和控制身体的能力对于内线投篮来说非常重要。在篮筐附近完成得分可能需要突然的变向、快速加速，探步、身体接触和对抗。降低重心保持运动姿态，重心位于双腿之间，以保证对身体的控制。为了保证对球的控制，时刻用双手持球。控制住球，别让球控制你！

目视篮筐

要成为一个有效的篮下终结者，从投篮开始到球从篮网底部落下，目光须一直锁定在篮筐上。球员倾向于专注于防守球员，而看不到篮筐，但这会降低命中率。忽视干扰，眼睛专注在目标上。

用身体护球

在本章你将学到许多内线投篮动作，但是这些动作都有个相同之处，那就是用你的身体护球。保持你的身体在防守球员和球之间，这很重要。用身体制造一个障碍，防止你的投篮手和篮球被防守球员碰到。

熟练运用双手

用左手或者右手完成投篮的能力是最最重要的，但要掌握这种能力需要极大的耐心和耐力。为了提高得分效率，你的双手必须在离篮圈 10 英尺的距离都能完成得分。能够熟练运用双手得分可以让你在任何时候都能用身体护球和创造空间，从而开启得分的窗口。用身体护球和寻找空间对内线投篮来说是必备的技术。

篮板正方形

在你上篮或者内线投篮时，篮板上的正方形是个很好用的工具，但你必须知道瞄准哪。篮板上的正方形可以分解成四小块。当你从侧翼投篮或者上篮时，瞄准区域 3 或者区域 4。当你正对着篮圈时，利用这个正方形就比较难了，不用它投篮命中率会更高。看图 3.1 找到你从不同角度投篮应该瞄准的区域。

得分窗口

得分窗口是进攻球员在面对防守并试图完成一个更容易和准确的篮下投篮时创造的空间或者角度。你可以有很多方法打开这个得分窗口，比如正确阅读防守、用身体护球、使用出色的脚下和终结技术。在本章，你将学会在常见的防守情况下如何打开得分窗口。

图 3.1　篮板正方形

上篮类型

上篮是篮球中命中率最高的投篮之一，仅次于扣篮。正确的终结基本功对于这种较低技术要求且高命中率的内线投篮来说非常重要。让我们来看看几种最常用的上篮动作。

内侧脚上篮

当防守球员位于进攻球员和篮筐之间时，进攻球员可以使用内侧脚上篮。在这种情况下，进攻球员用内侧脚起跳，用外侧手完成上篮，同时用身体保护球。优秀的进攻球员总是会用非触球手和身体保护篮球，创造一个更好的得分窗口。重温分解训练，对内侧脚上篮建立全面的了解。

运球后持球走两步。第一步是外侧脚，第二步是内侧脚。第一步是一大步，第二步是一小步，目的是保持对身体的控制。第二步落地后进入一个低重心的运动姿态，随后朝向篮筐起跳，用外侧手上篮，球瞄准篮板正方形的正确位置，同时用身体和非触球手保护球。在这以过程中，眼睛看着球，直到球从篮网穿过。（见图 3.2）。

图 3.2　内侧脚上篮

内侧脚上篮脚步练习

分解

准　备

- 一名球员参与，使用一个篮球。
- 球员持球站在底线。

执　行

1. 球员弯腰进入一个低重心运动姿态，双手持球，球接触地板。

2. 球员随后拿球向右走两步，不可以运球。第一步（右脚）迈大步，第二步（左脚）迈小步。

3. 球员随后快速起跳用右手完成空心上篮（球不碰篮板）。

4. 球员随后接住球，回到一个低重心运动姿态，双手持球，球接触地板。

5. 球员继续持球向左侧迈两步（不可运球），第一步（左脚）迈大步，第二步（右脚）迈小步。

6 球员随后快速起跳用左手完成空心投篮。

7 球员走 Z 字形重复这些步伐直到另一侧底线处停住。

内侧脚上篮

分解

准　备

- 一名球员参与，使用一个篮球和一个锥筒。
- 球员站在阻区外，锥筒置于阻区上方，球员站在锥筒处。

执　行

1. 球员弯腰进入一个低重心运动姿态，双手持球，球接触地板。

2. 球员持球向篮圈迈两步，由外侧脚先迈一大步，跟着内侧脚迈一小步。

3. 球员随后向篮筐起跳，用外侧手完成一个空心上篮（球不碰篮板）。

4. 球员在篮筐两侧重复这些步骤，用左、右手分别完成 10 次上篮。

内侧脚上篮实战练习

分解

准　备

- 一名球员参与，使用一个篮球和六个锥筒。
- 球员手持篮球站在篮圈下。

执　行

1. 球员运球绕过 1 号锥筒。

2. 球员随后面对篮筐，运球通过 2 号和 3 号锥筒攻击篮圈，这给球员完成内侧脚打板上篮提供了一个完美的角度（见图 3.3）。

3. 球员随后抓下篮板球，运球绕过球场另一侧的 1 号锥筒。

4. 球员随后面对篮筐，运球通过 2 号和 3 号锥筒攻击篮圈，这给球员完成内侧脚打板上篮提供了一个完美的角度。

5. 球员用正确的方式重复完成 10 次上篮。

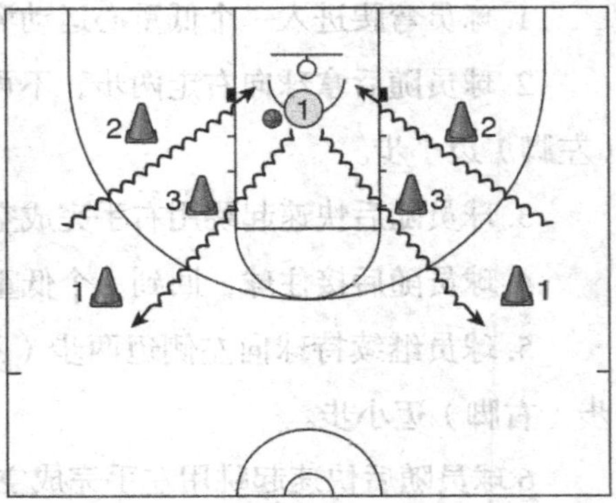

图 3.3　内侧脚上篮实战练习

教学点

球员在投篮开始时就应该看着球，直到球从篮网底端穿过。

外侧脚上篮

当我看青年球员训练时，我发现教练只教内侧脚上篮，这让我很困惑。比赛中有很多种情况，需要用不同的方式完成得分。内侧脚上篮只有在防守球员占据内部位置，位于进攻球员和篮筐之间时才适用。有时候进攻球员可能位于篮筐和防守球员之间，这种情况下，进攻球员必须用内侧手上篮、外侧脚起跳。这样可以用身体将球和防守球员隔开，防止球被对手从身后封盖。

运球后持球迈两步。第一步是外侧脚，第二步是内侧脚。第一步是一大步，第二步是一小步，目的是保持对身体的控制。第二步落地后进入一个低重心的运动姿态，随后朝向篮筐起跳，用内侧手上篮，球瞄准篮板正方形的正确位置，同时用身体和非触球手保护球。在这一过程中，眼睛看着球，直到球从篮网穿过（见图 3.4）。

图 3.4　外侧脚上篮

外侧脚上篮脚步练习

分解

准 备

- 一名球员参与，使用一个篮球。
- 球员持球站在底线。

执 行

1. 球员弯腰进入一个低重心运动姿态，双手持球，球接触地板。
2. 球员随后拿球向右走两步，不可以运球。第一步（左脚）迈大步，第二步（右脚）迈小步。
3. 球员随后快速起跳用左手手完成直接上篮（球不碰篮板）。
4. 球员随后接住球，回到一个低重心运动姿态，双手持球，球接触地板。
5. 球员继续持球向左侧迈两步（不可运球），第一步（右脚）迈大步，第二步（左脚）迈小步。
6. 球员随后向篮筐快速起跳，用右手手完成一个空心上篮。
7. 球员走 Z 字形重复这些步伐直到另一侧底线处停住。

外侧脚上篮练习

分解

准 备

一名球员参与，使用一个篮球和一个锥筒。

球员站在阻区外，锥筒置于球员两腿之间。

执 行

1. 球员弯腰进入一个低重心运动姿态，双手持球，球接触地板。
2. 球员持球向篮圈迈两步，由内侧脚先迈一大步，跟着外侧脚迈一小步。
3. 球员随后向篮筐起跳，用内侧手完成一个打板上篮。
4. 球员在篮筐两侧重复这些步骤，用左、右手分别完成 10 次上篮。

外侧脚上篮实战练习

分解

准　备

- 一名球员参与，使用一个篮球和六个锥筒。
- 球员手持篮球站在篮圈下。

执　行

1. 球员运球绕过 1 号锥筒。
2. 球员随后面对篮筐，运球通过 2 号和 3 号锥筒攻击篮圈，这给球员完成外侧脚打板上篮提供了一个完美的角度（见图 3.5）。
3. 球员随后抓下篮板球，运球绕过球场另一侧的 1 号锥筒。
4. 球员随后面对篮筐，运球通过 2 号和 3 号锥筒攻击篮圈，这给球员完成外侧脚打板上篮提供了一个完美的角度。
5. 球员用正确的方式重复完成 10 次上篮。

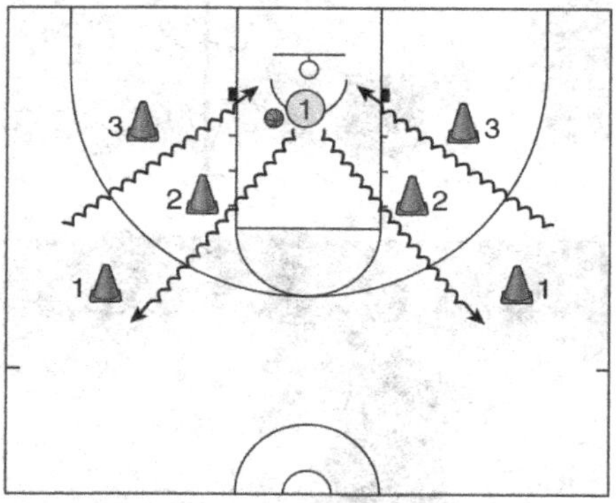

图 3.5　外侧脚上篮实战练习

教学点

球员应该用外侧肩膀阻止防守球员封盖。

强力上篮

第三种上篮方式是强力上篮。内线投篮获得的犯规比其他任何类型的投篮都多。当进攻球员被贴身防守时，强力上篮最常用，同时可能伴随着身体接触、碰撞和犯规。之前讨论的上篮都是单脚起跳，但强力上篮是双脚同时起跳。强力上篮可以让球员进攻的终结有更大的力量，更好的平衡和控制。

当结束运球、接到传球或抢下篮板时，球员双脚起跳，落地时进入低重心运动姿态，脚趾和肩膀都指向底线。落地后双脚同时强力向篮筐跳起，完成一个打板上篮。上篮时用身体挡住防守球员，保护住球。

在做这个动作期间，眼睛专注于篮筐，直到篮球穿过篮网（见图 3.6）。

图 3.6　强力上篮

强力上篮练习

分解

准　备

- 一名球员参与，使用一个篮球和一个锥筒。
- 球员持球站在锥筒上。

执　行

1. 球员轻轻将篮球投向篮板。

2. 球员随后跳起抓下篮板球，双脚同时落地，进入一个低重心姿态，双脚张开，脚尖和肩膀指向底线。

3. 球员再蓄力，弯腰进入低重心运动姿态，双手持球，球接触地板。

4. 球员高高跳起，用外侧手完成上篮（见图 3.7）。

5. 球员在篮筐两侧重复这下步骤，直到完成 10 个强力上篮。

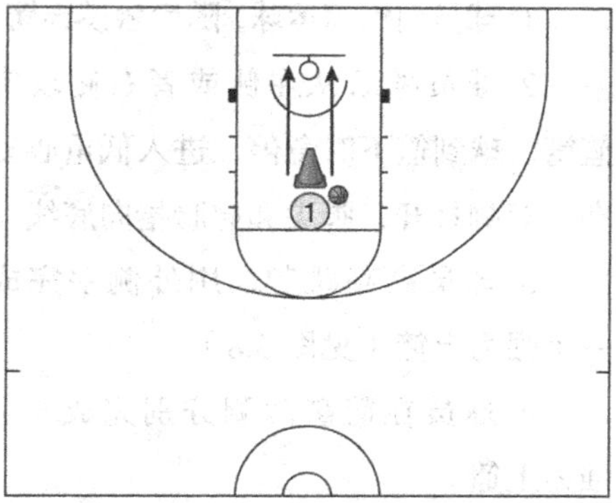

图 3.7　强力上篮练习

强力上篮实战练习

分解

准　备

- 一名球员参与，使用一个篮球和一个锥筒。
- 球员持球站在篮筐下，锥筒放置于钥匙区顶端。

执　行

1. 球员向锥筒运球，随后触摸锥筒。

2. 球员随后从左侧或者右侧攻击篮筐，球到篮下时急停，进入低重心姿态，双脚打开，脚尖和肩膀指向底线。

3. 球员高高跳起，用外侧手完成一个强力上篮（见图 3.8）。

4. 球员在篮筐两侧分别完成 5 个强力上篮。

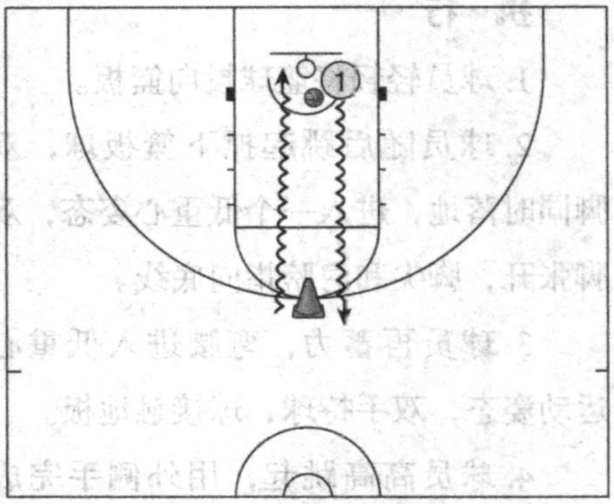

图 3.8　强力上篮实战练习

教学点

当防守球员贴身防守或是有身体接触是使用强力上篮的最佳时机。强力上篮将帮助进攻球员占据自己的空间，随后通过身体接触同时保持平衡完成上篮。

终结脚步

我听一个睿智的教练说：“篮球比赛中，你的脚步决定你出手的位置。”这是对的，特别是当你在内线寻找得分机会时。

内侧中轴脚

当防守球员切断你通向篮筐道路时，或者防守球员高举双手时，内侧中轴脚脚步最常被用到。你可以以内侧脚作中轴脚，移动外侧脚绕过防守球员。在脚步上战胜防守球员后，你就可以创造一个得分机会，完成一个更简单和轻松的投篮。

当防守球员非常近，他们高举双手，或者他们切断你通往篮筐的道路时，就应使用内侧中轴脚脚步。开始时进入一个低重心运动姿态，你的身体处于防守球员和球之间。以你的内侧脚为中轴脚，移动外侧脚绕过防守球员的身体。目的是让你的外侧脚、肩膀和球穿过防守。穿过防守后，保持一个低重心运动姿态，随后高高跳起完成上篮。要用外侧手完成上篮，同时注意对球的保护（见图 3.9）。

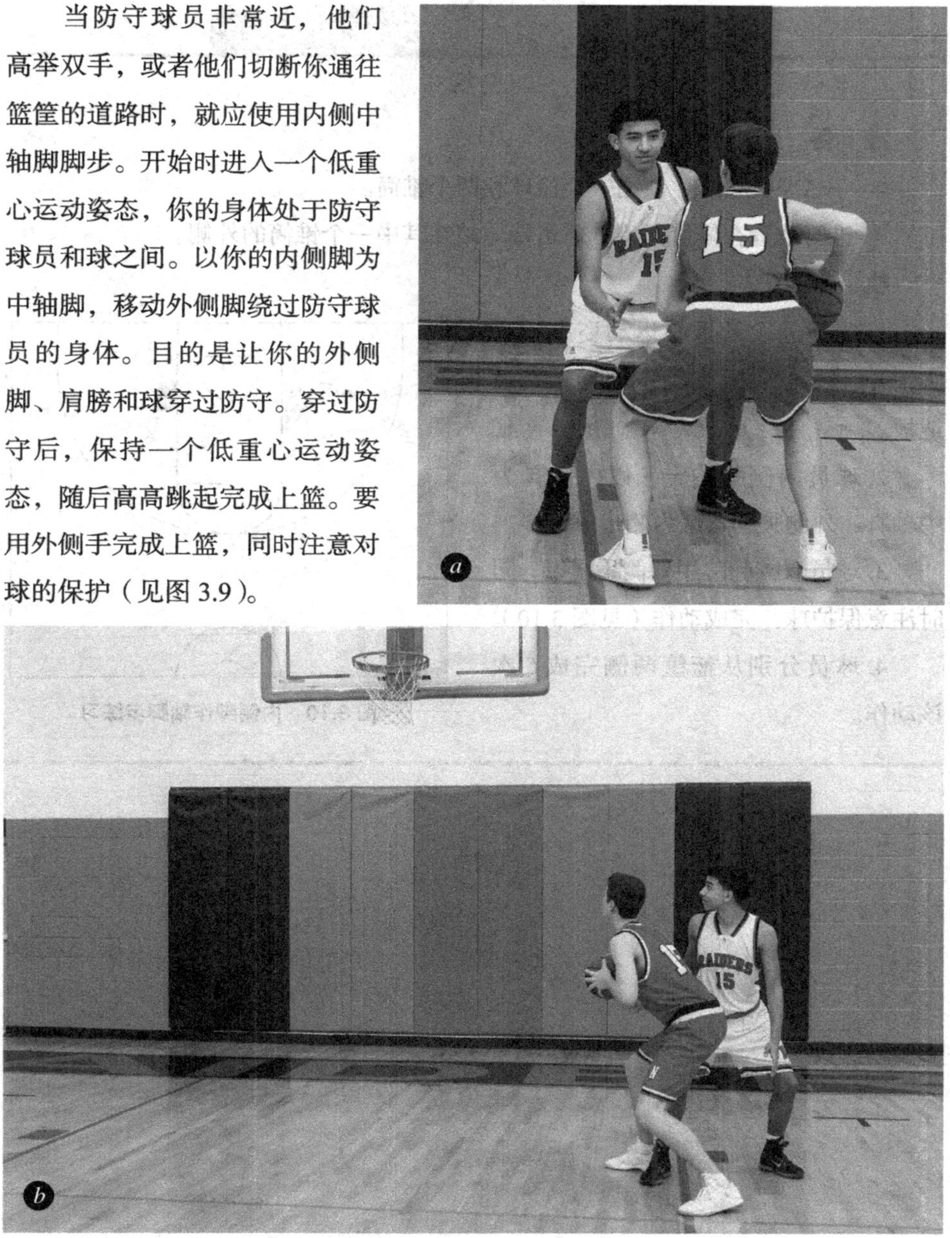

图 3.9　内侧中轴脚脚步

内侧脚作轴脚步练习

分解

准　备

- 一名球员参与，使用一个篮球和两个锥筒。
- 锥筒放置在篮筐两侧，球员持球站在其中一个锥筒的外侧。

执　行

1. 球员进入低重心运动姿态，双脚张开，膝盖弯曲，双手持球，球接触地板。

2. 球员内侧脚站定，以内侧脚为中轴脚，外侧脚朝禁区内侧迈一大步。

3. 球员双脚起跳用外侧手上篮，同时注意保护球，完成动作（见图 3.10）。

4. 球员分别从篮筐两侧完成 5 次该动作。

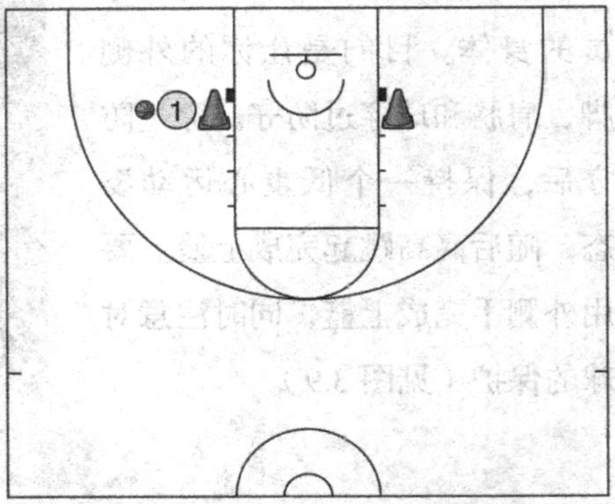

图 3.10　内侧脚作轴脚步练习

内侧脚作轴实战练习

分解

准　备

- 一名球员参与，使用一个篮球和四个锥筒。
- 球员持球站在底线与任何一条禁区延长线的交界处。

执　行

1. 球员进入一个低重心运动姿态，双脚张开，膝盖弯曲，双手持球，球接触地板。

2. 球员随后朝外侧的 1 号锥筒运两次球，到达锥筒时用两步急停，第一步内侧脚，第二步外侧脚。

3. 球员内侧脚站定，以内侧脚为中轴脚，外侧脚朝禁区内侧迈一大步。

4. 球员双脚起跳用外侧手上空心篮（不要打板），同时注意保护球，完成动作。

5. 球员分别在锥筒 2、3、4 处重复这套动作（见图 3.11）。

6. 在 4 号锥筒处球员直接投篮完成这套动作。

图 3.11　内侧脚作轴实战练习

7. 球员分别从篮筐两侧完成该练习 5 次。

教学点

在使用内侧中轴脚脚步时，为了避免走步违例，指导你的球员只有在完成投篮时才双脚同时起跳。一个让他们能牢记这点的很好的口诀是“一只脚跨步，两只脚起跳。”

外侧中轴脚脚步

外侧中轴脚脚步是另一种减轻防守压力和创造空间的脚步。当防守球员过度伸展身体或者试图封盖进攻球员的投篮时，就可以使用这种脚步。球员以外侧脚为中轴脚，内侧脚向前跨一大步，同时将球举起假装投篮。这种脚步可以从防守球员那创造空间，并为进攻球员完成得分提供机会。

当防守球员过度伸展身体或者试图封盖进攻球员的投篮时，就可使用这种外侧轴心脚脚步。球员以外侧脚为中轴脚，内侧脚向前跨一大步，同时双手将球举起假装投篮。这种脚步可以从防守球员那创造空间，并为进攻球员完成得分提供机会（见图 3.12）。

图 3.12　外侧中轴脚

外侧脚作轴实战练习

分解

准　备

- 一名球员参与，使用一个篮球和两个锥筒。
- 锥筒放置在篮筐两侧，球员持球站在其中一个锥筒的外侧。

执　行

1. 球员进入低重心运动姿态，双脚张开，膝盖弯曲，双手持球，球接触地板。

2. 球员以外侧脚为中轴脚，内侧脚向前跨一大步，同时双手将球举起假装投篮。

3. 球员随后用外侧脚向外迈步远离篮筐，直到内侧肩膀指向篮圈。

4. 球员双脚起跳用外侧手上篮，同时注意保护球，完成动作（见图 3.13）。

5. 球员分别从篮筐两侧完成 5 次该动作。

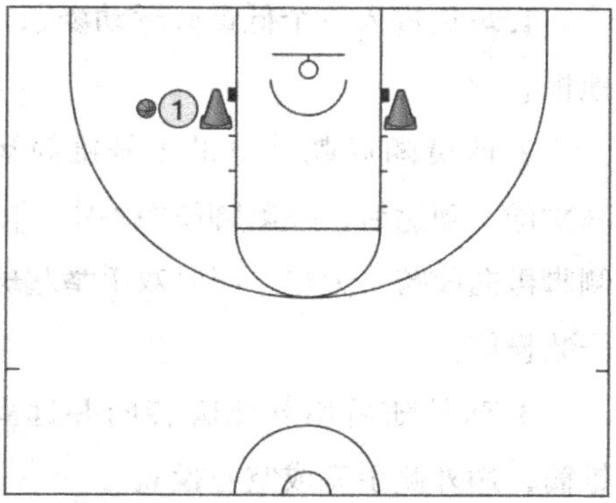

图 3.13　外侧脚作轴实战练习

外侧脚作轴实战练习

分解

准 备

- 一名球员参与，使用一个篮球和四个锥筒，位置如图 3.14 所示。球员持球站在底线与任意一条禁区延长线交接处的外侧。

执 行

1. 球员进入一个低重心运动姿态，双脚张开，膝盖弯曲，双手持球，球接触地板。

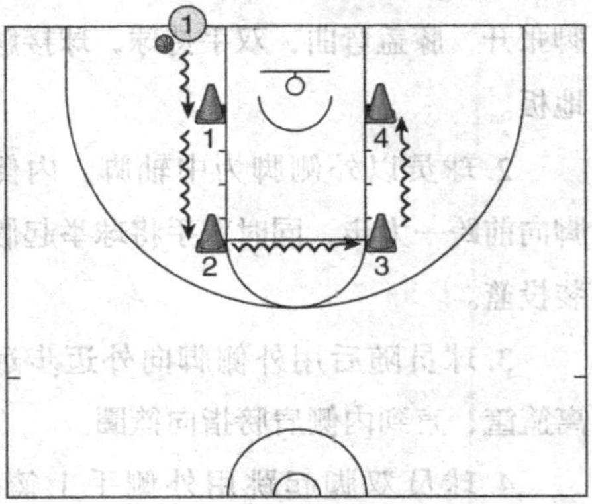

图 3.14 外侧脚作轴实战练习

2. 球员随后朝外侧的 1 号锥筒运两次球，到达后，外侧脚作中轴脚，内侧脚再向前跨一大步，同时双手举起球假装投篮。

3. 球员随后用外侧脚转向并远离锥筒，用外侧手完成空心投篮。

4. 球员分别在锥筒 2、3、4 处重复这套动作（见图 3.14）。

5. 在 4 号锥筒处，球员直接投篮完成这套动作。

6. 球员分别从篮筐两侧完成该训练 5 次。

教学点

为了保持与防守球员的空间，当内侧肩膀指向篮筐时，球员必须停止转向。如果球员持续转向直到两个肩膀正对篮筐，那么刚刚从防守球员那获得的空间将会减少，这样就无法获得一个高命中率投篮的机会。

欧洲步

在过去的十年间，随着欧洲球员的不断涌入 NBA，欧洲步这种进攻步伐在美国流行起来。当欧洲步刚开始引入美国时，许多球员被判走步违例，因为裁判对这种新的进攻步伐不了解。不同于直接朝篮筐三步上篮，欧洲步第一步朝前，第二步变换方向，绕过防守，从而创造空间和得分机会。

当进攻球员突破上篮，而一名防守球员挡住了上篮路线或试图抢断时，欧洲步最常用。当遇到这种情况时，你可以使用欧洲步。欧洲步分两步，最后一次运球后拿起球，随后直接朝防守球员迈一步，吸引他们的防守，随后朝侧方迈一步，获得上篮空间。当第二步落地后再起跳完成内侧手上篮（见图 3.15）。第二步就是欧洲步，欧洲步可以创造空间打开一个得分窗口。由于第一步时离防守球员非常近，所以保护球至关重要。双手应紧紧将球控制住，手臂包裹着球，或者用身体将球和防守球员隔开。

图 3.12　外侧中轴脚

欧洲步脚步练习

分解

准　备

- 一名球员参与，使用一个篮球。
- 球员持球站在中场。

执　行

1. 球员进入低重心运动姿态，膝盖弯曲，双手持球，球接触地板。

2. 球员拿球迈两步，不要运球，第一步右脚向前迈一小步，第二步左脚向侧前方迈一大步。

3. 球员随后全力起跳，用右手（内侧手）完成一个空心上篮（见图 3.16）。

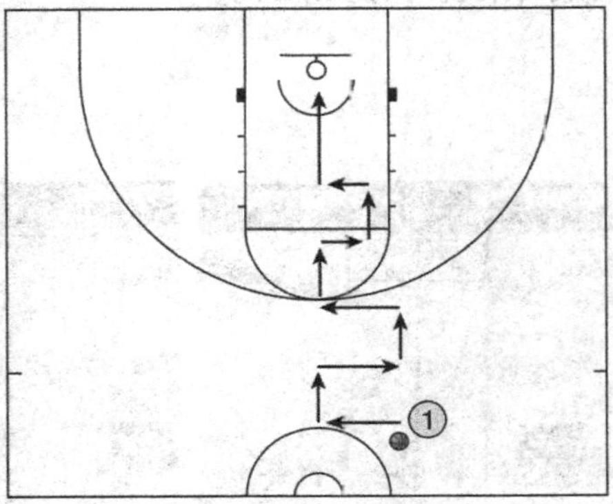

图 3.16　欧洲步脚步练习

4. 球员抓下球，回到低重心运动姿态，膝盖弯曲，双手持球，球接触地板。

5. 球员接着拿球迈两步，第一步左脚向前迈一小步，第二步右脚向侧前方迈一大步。

6. 球员随后全力起跳，用左手（内侧手）完成一个空心上篮。

7. 球员重复这些步伐直到另一侧底线处停住。

锥筒辅助欧洲步练习第 1 部分

分解

准　备

- 一名球员参与，使用一个篮球和三个锥筒。
- 球员持球面向 1 号锥筒。

执　行

1. 球员进入低重心运动姿态，膝盖弯曲，双手持球，球接触地板。

2. 球员拿球走两步，不要运球，第一步右脚向前方的 1 号锥筒迈一小步，第二步左脚向侧方的 2 号锥筒迈一大步。

3. 球员随后全力起跳，用右手（内侧手）完成一个空心上篮（见图 3.17）。

4. 球员持球回到 1 号锥筒前，重复这项训练。球员接着拿球走两步，第一步左脚向前迈一小步，第二步右脚向侧方的 3 号锥筒迈一大步。

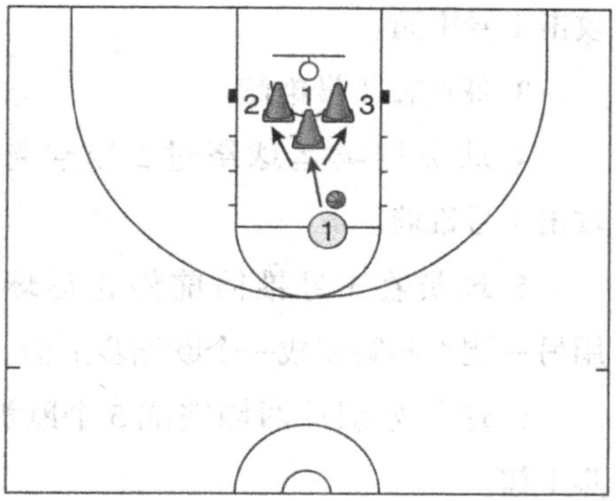

图 3.17　锥筒辅助欧洲步练习第 1 部分

5. 球员随后全力起跳，用左手（内侧手）完成一个空心上篮。

6. 球员分别从两侧完成 5 个欧洲步上篮。

锥筒辅助欧洲步练习第 2 部分

分解

准　备

- 一名球员参与，使用一个篮球和三个锥筒。

执　行

1. 球员持球位于篮圈下的禁区。

2. 球员向外运球，绕过 2 号锥筒，攻击 1 号锥筒。

3. 球员在 1 号锥筒。

4. 球员继续运球绕过 2 号锥筒，攻击 1 号锥筒。

5. 球员在 1 号锥筒前停止运球，用另一侧手和脚完成一个欧洲步上篮。

6. 球员分别从两侧完成 5 个欧洲步上篮。

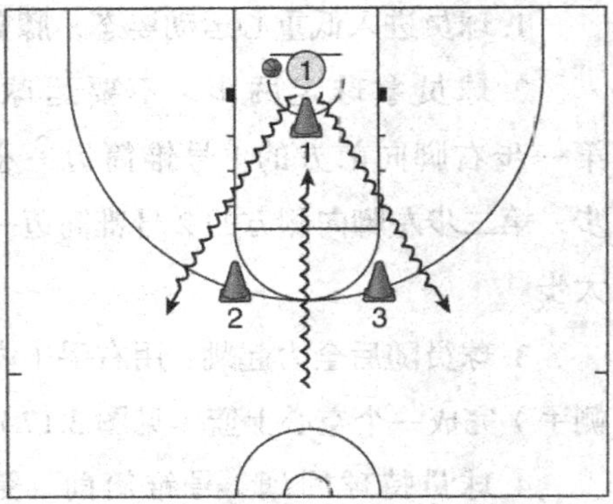

图 3.18　锥筒辅助欧洲步练习第 2 部分

抛　投

抛投对于身材矮小的球员来说是一种得分利器。这种得分手段是针对面临篮筐附近高大的防守者的。抛投是一种高弧线投篮。球员将篮球抛出的高度高于防守球员手臂能触及的高度，球随后直奔篮筐而去。一个熟练的抛投手对防守来说是个巨大的挑战。

当你攻击篮筐时，如果协防球员过来保护篮筐，那么你就可以使用高抛。结束运球后向前迈两步，第一步一大步，第二步一小步，随后单脚高高跳起完成抛投。如果你用右脚起跳，那么用左手完成投篮；如果你左脚起跳，那么就用右手完成投篮。投篮抛物线最高点应该达到篮板顶端的高度，从而让防守球员无法触及（见图 3.19），起跳高度要足够高，但不要向前跳，落地时落在起跳位置，以避免带球撞人。

图 3.19　抛投

行进间抛投脚步练习

分解

准　备

- 一名球员参与，使用一个篮球。
- 球员持球站在底线。

执　行

1. 球员进入低重心运动姿态，膝盖弯曲，双手持球，球接触地板。

2. 球员拿球迈两步，不要运球，第一步右脚向前迈一大步，第二步左脚向前方迈一小步。

3. 球员随后全力起跳用右手完成一个空心抛投，落下时回到起跳点（见图 3.20）。

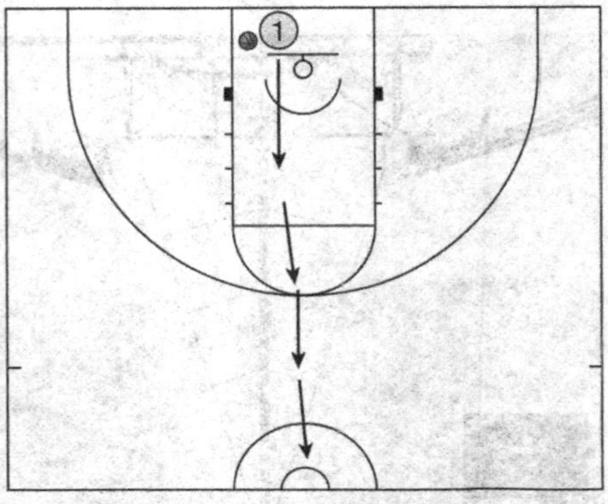

图 3.20　行进间抛投脚步练习

4. 球出手后的最高点应该达到篮板上沿的高度。

5. 球员随后抓下篮板球，回到低重心运动姿态，膝盖弯曲，双手持球，球接触地板。

6. 球员拿球向前迈两步，不要运球，第一步左脚向前迈一大步，第二步右脚向前方迈一小步。

7. 球员随后全力起跳用左手完成一个抛投，落下时回到起跳点。

8. 出手后球的最高点应该达到篮板上沿的高度。

9. 球员用直线动作完成这些步骤，最后在另一端的底线处停下。

锥筒辅助行进间抛投练习

分解

准备

- 一名球员参与，使用一个篮球和五个锥筒。
- 球员持球从半场位置开始。

执行

1. 球员进入低重心运动姿态，膝盖弯曲，双手持球，球接触地板。

2. 球员拿球向前迈两步，不要运球，第一步右脚向前迈一大步，第二步左脚向前方迈一小步。

3. 球员随后全力起跳用右手完成一个空心抛投，落下时回到起跳点（见图 3.21）。

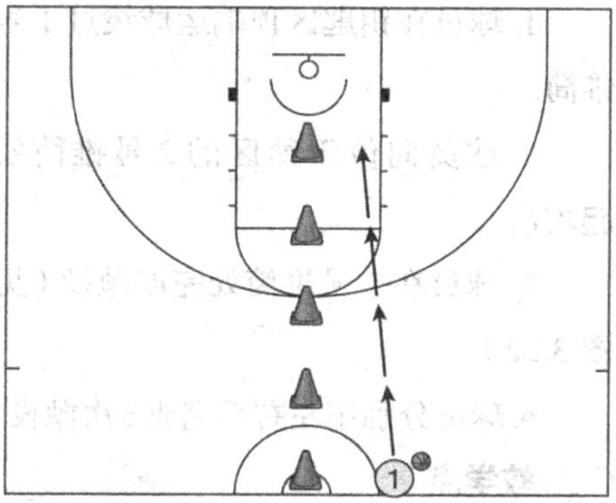

图 3.21　锥筒辅助行进间抛投练习

4. 出手后球的最高点应该达到篮板上沿的高度。

5. 球员使用场上其他锥筒重复这项训练。

6. 在最后一个锥筒时，球员直接完成抛投。

7. 球员用左手和对侧的脚步重复训练。

8. 球员用左右手重复此练习 5 次。

行进间抛投实战练习

分解

准　备

- 一名球员参与，使用一个篮球和两个锥筒。
- 球员持球站在篮下。

执　行

1. 球员在钥匙区顶端运球绕过1号锥筒。

2. 球员向位于禁区的2号锥筒发起攻击。

3. 球员在2号锥筒处完成抛投（见图3.22）。

4. 球员分别用左右手完成5次抛投。

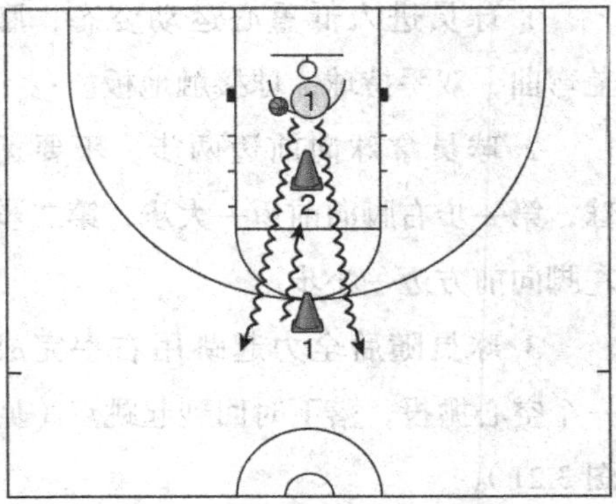

图3.22　行进间抛投实战练习

教学点

为了确保球员抛投时是向上跳而不是向前跳，在地板上做标记，指导球员在标记上起跳，并落在标记上，这个简单的训练将避免球员带球撞人。

精　练

现在你已经学会了在篮筐附近终结投篮的基本功，你也学会了一些摆脱防守的动作。现在是时候进入下一阶段训练了，你的技术将要接受一对一训练的考验。这才是真正训练的开始！

内侧脚上篮 1 对 1 练习

精练

准　备

- 两名球员参与，使用一个篮球和两个锥筒。
- 球员 1 持球从肘区开始，球员 2（防守一方）从相应的低位阻区开始。

执　行

1. 球员 1 必须在 1 号锥筒附近运球，随后用内侧脚脚步上篮，以向篮筐发起攻击。

2. 球员 2 必须从 2 号锥筒附近开始防守（见图 3.23）。

3. 每次上篮命中得 1 分，每次进攻后交换攻防角色，球员得到 5 分后在篮筐另一侧再重复该练习。

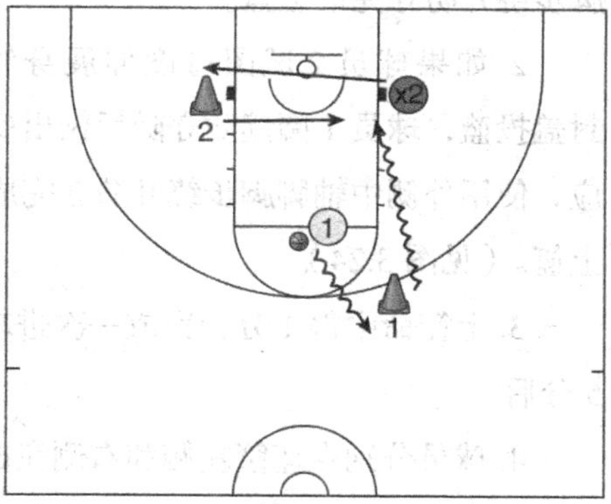

图 3.23　内侧脚上篮 1 对 1 练习

教学点

进攻球员应该用身体护球，将球保持在身体外侧，远离防守球员。

绕开防守 1 对 1 练习

精练

准　备

- 两名球员参与，使用一个篮球。
- 球员 1 在肘区开始进攻，球员 2 在内线防守。

执　行

1. 球员 1 先做动作，球员 2 才可以开始防守，球员 1 不能做假动作。球员 1 用外侧手运球攻击篮筐，如果球员 2 切断了球员 1 上篮的路线，球员 1 阅读防守，做出反应，使用内侧脚中轴脚脚步绕开防守完成上篮。

2. 如果球员 2 试图过度伸展身体封盖投篮，球员 1 阅读防守随后做出反应，使用外侧中轴脚脚步绕开防守完成上篮。（见图 3.24）。

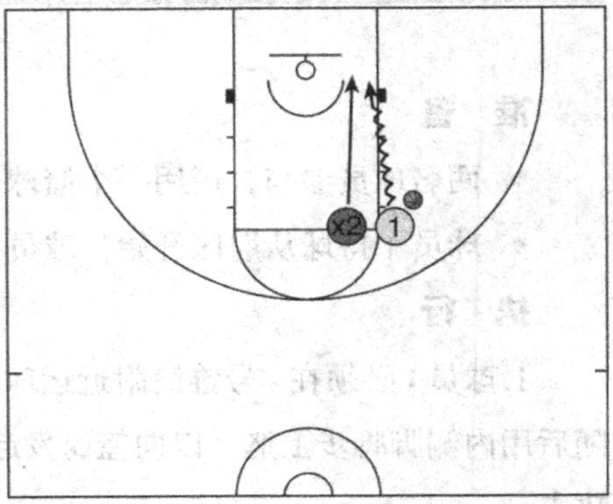

图 3.24　绕开防守 1 对 1 练习

3. 上篮命中得 1 分，完成一次进攻后球员交换攻防角色，直到一方球员得到 5 分后。

4. 球员分别在篮筐左侧和右侧完成上篮。

教学点

为了加强对防守的阅读和反应，进攻球员对防守做出正确的脚步额外再加 1 分。

欧洲步1对1练习

精练

准 备

- 两名球员参与，使用一个篮球和两个锥筒。
- 球员1持球在肘区开始进攻，背向篮筐。
- 球员2在低位阻区开始防守，球员2进入低重心运动姿态，背向篮筐。

执 行

1. 球员1向内线运球，随后绕过2号锥筒，用欧洲步攻击篮筐完成上篮。

2. 球员1开始做动作后，球员2向内线冲刺，绕过1号锥筒，而后对球员1进行防守（见图3.25）。

3. 上篮命中得1分，完成一次进攻后球员交换攻防角色，直到球员得到5分后。随后球员在篮筐另一侧重复该训练。

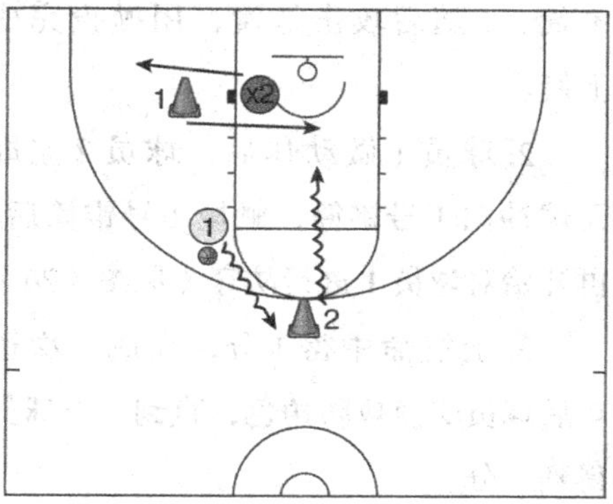

图3.25 欧洲步1对1练习

教学点

当防守球员朝进攻球员移动时，欧洲步是最有用的，进攻球员使用欧洲步，变向，削弱防守球员的势头。

行进间抛投 1 对 1 练习

精练

准 备

- 两名球员参与，使用一个篮球和两个锥筒。
- 两个锥筒分别放置在底线和钥匙区顶端，球员背靠背站在两个锥筒之间。

执 行

1. 球员 1 朝 2 号锥筒运球，触摸 2 号锥筒，1 随后攻击篮筐，用抛投完成上篮。

2. 球员 1 做动作后，球员 2 立即无球冲向 1 号锥筒，触摸 1 号锥筒后，再开始对球员 1 进行防守（见图 3.26）。

3. 上篮命中得 1 分，完成一次进攻后球员交换攻防角色，直到一方球员得到 5 分。

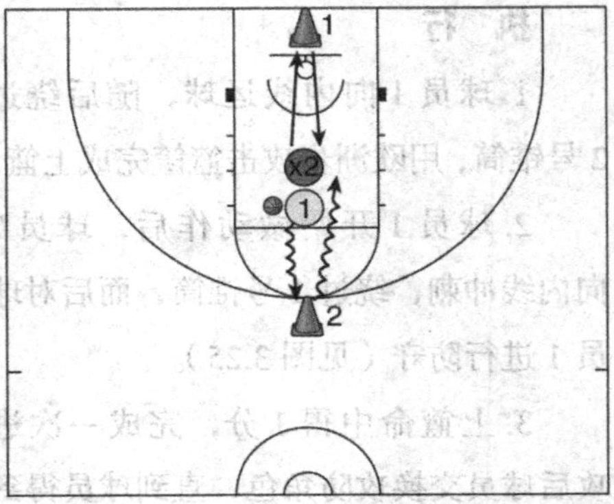

图 3.26 行进间抛投 1 对 1 练习

教学点

当防守球员试图保护篮筐，阻止进攻球员上篮或者扣篮时，抛投最有用。进攻球员应该利用这点，在到达篮筐之前完成抛投。

全场 1 对 1 进攻终结练习

精练

准　备

- 两名球员参与，使用一个篮球和四个锥筒。
- 球员站在两个阻区，面向球场，背对篮筐。球员 1 持球。

执　行

1. 球员 1 先做动作，随后球员 2 才可以做动作。

2. 球员 1 向外运球，绕过 2 号锥筒，再向外运球绕过 3 号锥筒。

3. 球员 1 随后攻击篮筐，完成 1 个上篮。

4. 当球员 1 开始做动作后，球员 2 无球向外侧冲刺，先绕过 1 号锥筒，再绕过 4 号锥筒。

5. 球员 2 随后沿对角冲刺，干扰球员 1 的上篮。

6. 球员从篮筐两侧分别完成这项训练，分别从对侧方向的阻区开始运球（见图 3.27）。

7. 球员交替攻防，直到有球员完成 5 个上篮。

8. 不可以在禁区外投篮。

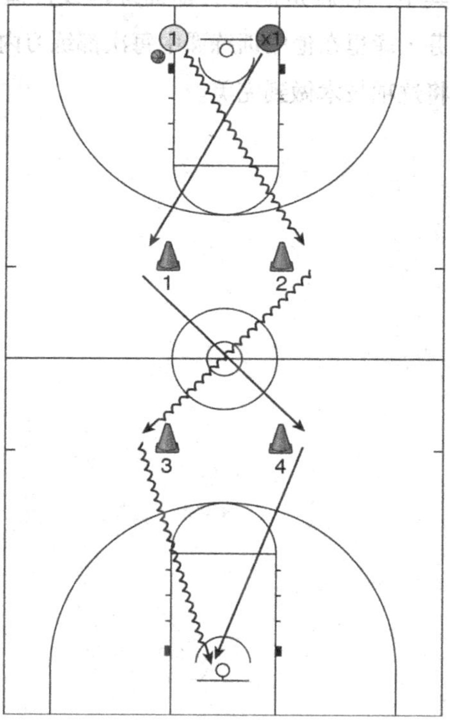

图 3.27　全场 1 对 1 进攻终结练习

教学点

为了确保所有参加这项训练球员的安全，鼓励防守球员试图封盖时不要接触进攻球员的身体。

内线投篮是篮球运动中最常见的投篮方式，但经验告诉我，球员训练内线投篮的时间是最少的。许多球员觉得他们学过这种投篮就够了，应该进行下一阶段学习。他们忽略了对种技术的熟练掌握的重要性。内线投篮不只是一种你可以做出的投篮，而是一种你必须会的投篮。只有每天重复训练，你的这种技术才会进步。例如，2011 年我在斯蒂芬·库里（Stephen Curry）训练营做教练时，我和斯蒂芬训练近 30 名精英高中和大学球员。斯蒂芬介绍了几种他个人的训练方式，其中一种就是他每天都训练内线投篮。没错，2015 年 NBA 最有价值球员斯蒂芬·库里在他的训练课中每次都练习内线投篮。向斯蒂芬学习，别忽略内线投篮，将这项技术做到完美。

第4章

外线投篮

2012年秋天，我在弗吉尼亚州举办了一个青年训练营。在完成了头两节8到17岁年龄段球员的训练课后，我已经在训练馆待了6个多小时。我非常累，准备回家，但我还有一场5到7岁球员的训练课。我开始专门讲解投篮理论和姿势，然后，球员开始练习投篮姿势。这只是训练馆很普通的一天，然而它就这么发生了。我看见球场里充满了成就感和纯粹的快乐。一个小球员投中了他人生中的第一个投篮，我是从他的反应判断出那是他第一次命中投篮。他绕场两周庆祝，和父母拥抱，与我击掌。作为一个教练，这对我来说是个特殊的时刻，我永远也不会忘记。

我没见过任何不喜欢投篮并看着篮球穿过篮网的球员。你记得你的第一次投篮吗？你记得你第一次在比赛中得分吗？我记得我的。投篮是一项有趣但很难掌握的技术，特别是远投非常困难。一个优秀的中远距离投手对任何防守球员来说都会造成错位问题。防守一个优秀的投手需要近距离防守，从而能够干扰他投篮。而这种近距离防守也给进攻球员突破创造了机会，因为防守球员对进攻球员突破的反应空间和时间都更少。外线投篮好的球队能够轻易创造更多的上篮、空切和禁区低位单打机会，因为在外线的投手将防守球员吸引到了外线。很强的外线投篮可以让防守变得脆弱。那么怎么成为一个出色的外线投手呢？怎么教球员提高他们的外线投篮技术呢？我制定了一个投篮公式，让数千球员获得成功。完美的投篮动作+用比赛时的速度重复训练+比赛时的防守压力=比赛时的成功投篮。本章将分解正确的投篮姿势和如何训练外线投篮。

完美投篮动作的六个步骤

我的成功外线投篮公式是从完美的投篮动作开始的。要成为一个稳定的投手，你的投篮姿势和动作必须始终如一。这种姿势必须成为一种习惯，你必须通过每天高强度的训练形成肌肉记忆。我听到过一个非常恰当的比喻：建立一个始终如一的投篮就像保养汽车，如果你希望你的车能够正常行使，你就必须定期保养。投篮也是如此。要成为一个出色的投手，需要经常训练每个投篮姿势。本章我将讨论正确的投篮姿势，并列出实用的投篮方法，来改正你投篮动作中的错误姿势。

1. 准备姿势

在接到球之前就应该做好准备姿势。准备接球时膝盖弯曲，两脚与肩同宽，重心在双脚之间。手臂成 L 形状，手肘向两侧折叠，手掌向外，手指指向上方。如果用右手投篮，那么右脚在左脚之后；如果你是一个左手球员，那么左脚在右脚之后（见图 4.1）。接球时，后面的那只脚向前迈一步，前面那只脚不动，两只脚几乎平行，投篮脚（右手投篮右脚就是投篮脚，左手投篮左脚就是投篮脚）比另一只不动的脚稍微前一点点。为了节省投篮时间和准备动作，在投篮手一侧高过肩膀的高度接球（见图 4.2 和图 4.3）。准备动作将帮你加快出手速度，因为你的身体已经准备好投篮了。

图 4.1　接球前准备动作

图 4.2　接球后的准备动作

图 4.3　双脚成方形

2. 手拿球的位置

控制球的能力对每个投手来说都是非常重要的。为了保证对球的控制，将球放置在你的手指和指尖上。任何时候，球只要接触到手掌，你就会失去对球的控制。球和手掌之间应该能放进两根手指（见图 4.4）。另外，尽可能张开手指，覆盖球的更多区域（见图 4.5）。手放置在球上的位置也至关重要，投篮手在篮球下方，食指在球中央的正下方。非投篮手放置在球的一侧，控制球的方向。两个拇指形成一个 T 形（见图 4.6）。

图 4.4　球离开手掌

图 4.5　手指张开

图 4.6　两个拇指形成一个 T 形

3. 眼睛看着篮筐

眼睛看着篮筐能够提升投篮命中率。当球在飞行时，你的眼睛也应当看着篮筐，而不是球。有一个开阔的投篮窗口也很重要，这样你的视线就没有被阻挡（见图 4.7 和图 4.8）。将球放在投篮手一侧，而不是身体中间，这样就可以保持一个开阔的投篮窗口。

4. 身体控制

为了保证直线投篮，从投篮开始到结束，身体应始终正对篮筐方向。你的所有脚趾头，臀部和双肩都应该指向篮圈（见图 4.9）。重心应该平均分布在脚趾头上。如果不能控制身体，投出的球不会直奔篮筐或者弧线不会理想。如果身体向

图 4.7　投篮窗口关闭

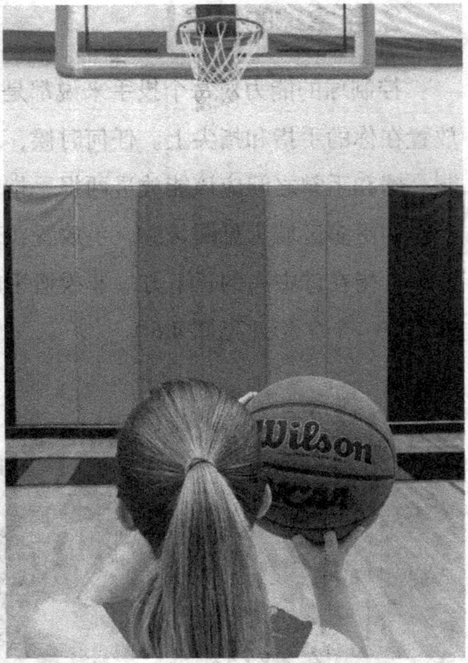

图 4.8　投篮窗口打开

右偏转，投篮将偏右，如果身体向左偏转，投篮将偏左。如果向前倾，投篮将会过长，如果身体向后仰，投篮就会过短。

保持对身体的控制，双脚落在起跳位置，双脚、双肩、臀部都指向篮筐。投篮要一气呵成，手肘和膝盖同时完全打开。

图 4.9　球员面向篮筐，臀部、肩膀和脚趾成方形。

5. 让球升起

球出手后应该像一枚火箭而不是飞机一样向上升。将手肘置于篮球下方，以增加推力（见图 4.10）。如果你投出的球像飞机起飞，那么球飞行的弧线就不充足。在最高点出手可以极大地提高投手的命中率。

成为可靠投手的一个好方法就是出手时投篮手肘的高度位于眼睛的高度。

图 4.10 手肘在球正下方，而不是外面

图 4.11 手腕的皱纹

让我们说说投篮手腕，手腕负责球的旋转。当手肘做好投篮动作时，看看你手肘的皮肤是否皱起（见图 4.11）。有皱起说明你已经准备好投一个后旋的球。如果你投出的球没有旋转，那么你就没法成为一个稳定的投手。

6. 跟进动作

投篮时手肘完全打开，手腕大力拨动球，球出手后，投篮手的手指指向地面，非投篮手的手指向上方，非投篮手的手掌面向投篮手，而不是篮筐（见图 4.12）。如果非投篮手在出手时手掌面向篮筐，那么球在飞行过程中就会产生侧旋，投篮会偏左或偏右。

图 4.12 完美的投篮跟进动作

投篮动作顺序

1. 准备动作

- 膝盖弯曲，双脚与肩同宽，重心平均分配在两脚上。
- 手臂呈 L 状，手肘向两侧折叠。
- 手腕处有皱纹，手掌面向投球手。
- 投篮脚在后。
- 接球时双脚脚尖正直向前，投篮脚稍稍在中轴脚前面一点。

2. 手拿球的位置

- 手掌不可以与球接触。
- 投篮手的食指在篮球中间。
- 手指尽可能张开。
- 两个大拇指形成一个 T 形。

3. 眼睛看篮筐

- 眼睛要一直看着篮筐，而不是球。
- 投篮视野开阔。

4. 身体控制

- 双脚、双肩和臀部从投篮开始到结束头始终指向篮筐。
- 投篮是一气呵成的动作，手肘膝盖同时打开。
- 起跳和落地在相同位置，或者落地稍微向前一点。

5. 让球升起

- 手肘在篮球正下方。
- 手腕有皱纹。
- 出手时投篮手的手肘在眼睛高度。

6. 跟进动作

- 手肘完全打开。
- 出手时投篮手的手肘在眼睛高度。
- 出手后投篮手的手指指向地面。
- 非投篮手的手指指向天空，手掌面向投篮手。

篮球后旋练习

分解

准　备

- 一名球员参与，使用一个篮球。
- 球员持球开始，不用篮筐。

执　行

1. 准备投篮时球员的手肘位于篮球下方，手腕有皱纹。球员随后向上空将球投出，出手时手肘完全张开，手腕大力拨球。

2. 球飞行弧线和高度应与投篮一致，球的落点要在距离球员几英尺的地板上。

3. 如果球的后旋合适，球落地后会弹回球员手中。

4. 球员重复训练 15 次。

教学点

为了加大难度，球员可以增加球的后旋，使球落地后反弹回来的高度越过球员的头顶。

直线投篮练习

分解

准　备

- 一名球员参与，使用一个篮球。
- 球员持球站在半场线上，球员面向半场线，双脚、双肩和臀部成方形。

执　行

1. 球员站在中场线上投篮，球的落点在离中线 10 到 12 英尺（3 到 3.5 米）外。

2. 球飞行弧线和高度应与投篮时保持一致。

3. 如果球下落后击中半场线，球员得 1 分。

4. 球员重复训练，直到得到 10 分。

教学点

为了保证出手投篮时呈直线，出手前确保手肘在篮球下方，球放在手指和指尖上，而不是手掌上。

蒂姆·邓肯练习

分解

准　备

- 一名球员参与，使用一个篮球。
- 球员持球躺在地板上，掌心向上。

执　行

1. 球员的投篮手肘位于球的下方，紧紧向侧方折叠。

2. 为了保持对球的掌控，将球放在手指和指尖上，球不接触手掌，手指张开（见图 4.13a）。

3. 球员向上空将篮球投出，投球时手肘完全打开，手腕大力拨球，球出手后保持后续动作，直到球落回到球员手中（见图 4.13b）。

4. 如果球员对球有良好的掌控，球会直接落回球员手中，否则球将落到其他地方。

5. 球员重复训练 25 次，保持对球的完美控制。

教学点

为了保持对球的掌握，球员的手掌不应该接触球，手肘处于篮球的正下方。

图 4.13　蒂姆·邓肯练习

提升球弧度练习

分解

准　备

- 一名球员参与，使用一个篮球。
- 球员持球站在篮圈前，离篮圈 1 英尺（0.3 米）。

执　行

这个训练的目的是让球员记住投篮是让球升起，而不是将球推出。球升起的弧线能够提升球员的投球命中率。

1. 球员站定投篮，如果投出空心（球没有碰到篮圈），球员就往后退一步。

2. 如果球员没有投中，或者球进但碰到篮圈，球员在相同位置继续投，直到命中空心投篮。

3. 球员投中一个空心球后往后退一步，直到退到三分线。

教学点

为了完全掌握好这项技术，球员试着连续投中 5 个空心投篮。

投篮辅助手握拳练习

分解

准　备

一名球员参与，使用一个篮球。

球员持球站在篮圈前，离篮圈 1 英尺（0.3 米）。

执　行

1. 球员做好投篮姿势，投篮手手肘弯曲，位于篮球正下方。

2. 球员的非投篮手握拳，放在篮球的一侧（见图 4.14）。

3. 握拳的目的是为阻止非投篮手干扰投篮，也是为了提醒球员篮球是一只手投出去的。

4. 如果球员投篮命中，他可以往后退一步。

5. 如果球员没有投中，那么继续在原地投，直到命中。

6. 球员重复训练，每投中一球往后退一步，直到退到三分线。

教学点

这项训练非常适合那些非投篮手参与投篮的球员，这将帮助他们纠正非投篮手的动作。

图 4.12　投篮辅助手握拳练习

罚篮后保持跟进动作练习

分解

准　备

- 一名球员参与，使用一个篮球。
- 球员持球站在罚球线。

执　行

1. 球员站在罚球线投篮，手肘完全张开，手腕大力拨动球，球出手后保持双手高举、投篮手完全伸展开的姿势。

2. 球员必须保持这个跟进动作，直到球落地。这将确保跟进动作的正确性。

3. 球员重复训练，直到命中 10 个投篮。

教学点

当教授球员投篮跟进动作时，我鼓励他们在投篮时自我纠正。如果他们的投篮短了，那么下一次投篮他们应该逐渐降低出手高度，以增加球飞行的距离；如果他们的投篮长了，那么下一次投篮他们应该逐渐提高出手高度，以缩短球飞行的距离。

投篮预备站姿练习

分解

准　备

- 两名球员参与，使用一个篮球和一个锥筒。
- 球员 1 站在罚球线，旁边放置一个锥筒，球员 2 持球站在篮下。

执　行

1. 球员 1 进入准备姿势，降低重心，触摸锥筒（锥筒帮助球员进入准备姿势）。

2. 当球员 1 进入准备姿势后，球员 2 向球员 1 传球，球员 2 接球后双脚脚尖正直向前，然后投篮。

3. 球员重复训练，直到球员 1 命中 10 个投篮，然后再交换位置。

教学点

球员在接球时整个身体都应该做好准备：手肘弯曲、手腕有皱纹、身体正对目标方向。

凯文 · 伊斯特曼投篮练习

分解

准　备

- 两名球员参与，使用一个篮球。
- 球员 2 持球站在罚球线，面向篮筐；球员 1 站在篮下，面向球员 2。

执　行

这项训练的目的是帮助球员在比赛的情形下控制身体和保持平衡。

1. 球员 2 在三分线内朝任意方向掷球。

2. 球员 1 冲向球，在球第一次落地反弹后将球接住，然后投篮（见图 4.15）。

3. 球员重复训练，直到他们每人各命中 10 个投篮。

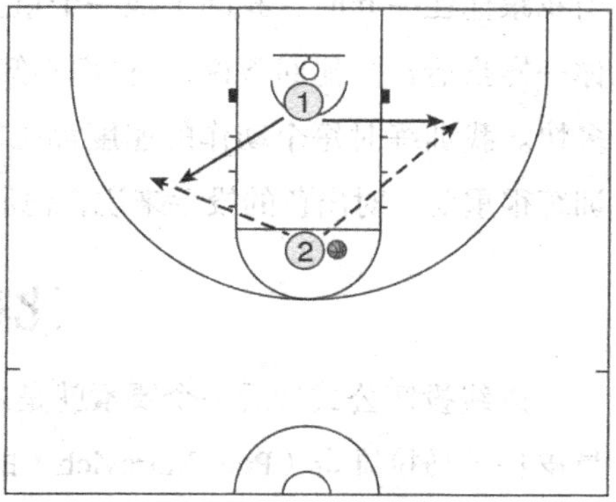

图 4.15　凯文 · 伊斯特曼投篮练习

教学点

这个训练很好，帮助球员在移动投篮时控制身体。为了帮助球员在接球时减速，提醒球员在拿到球时身体稍稍下沉。

中远距离投篮

外线投篮分为中投和远投。中投是指从距篮圈 11 英尺（3.4 米）到三分线内的投篮。远投是指在三分线上和三分线外的投篮。自从 20 世纪 80 年代引入三分线以来，批判人士称中投已经成为一项失去的艺术，因为很多球员忽视训练这种没有激情的两分投篮。如果想成为一名出色的投手，在你的射程内不应该有弱点。你必须兼备中投和远投能力，并且能在任何比赛环境中命中这些投篮。投篮前的动作有很多，比如接球投篮、移动投篮、运球投篮等。在本章精练环节，你将练习中远距离投篮，并学习投篮前的动作。

比赛速度

外线投篮训练公式第二个教学点就是用比赛速度训练，甚至快于比赛速度。如我之前提到的，我有幸和斯蒂芬·库里在2011年一起训练。他是如今NBA最好的投手，也可能是有史以来最好的投手。他面对防守投篮、全速运球后运球投篮和跑动接球投篮的能力都是他人无可比拟的。他经常能命中一些高难度投篮。当我跟他在一起时，我问了他一个重要的问题："斯蒂芬，我怎么教年轻球员像你一样投篮？"他回答说："他们不知道我投篮训练有多刻苦，他们不知道我有多快。我训练时每个动作的速度都比比赛时的速度要快。"用比比赛更快的速度训练很重要。对出色的投手来说，他们在投篮训练时速度再快都不为过。

比赛压力

外线投篮公式最后一个要素就是用比赛时的压力训练。我曾经听说名人堂球员皮特·马拉维奇（Pete Maravich）的一个故事。当他年少时，他父亲要他完成罚篮后才可以睡觉。他不是要投出100个罚篮或者命中100个罚篮，而是要连续命中100个罚篮。这对于任何NBA级别的球员都是个巨大的挑战，更何况对一个孩子来说。皮特投的每一个罚篮都倍感压力，无论他第一球没投中，或者连续投中90个然而第91个没有投中，他都必须从头开始。这是在比赛压力下练习投篮的例子。你没有必要像皮特一样连续命中100个投篮，但对投篮练习必须要有高要求。训练时的要求越高，比赛时的成就越大。皮特把比赛时的压力放到了投篮练习上，你们应该向他学习。如果练习时没有比赛的那种压力，比赛时就不会做好命中投篮的准备。

罚　球

当球员投篮时被犯规，抢篮板时被犯规，或者对方球员恶意犯规或者技术犯规，那么他就可以执行罚球。一个优秀的罚球手的罚球命中率应该不低于80%。提高罚球命中率需要完美的罚球姿势和在比赛压力下无数次的训练。

站上罚球线时，罚球脚站在罚球线中间的位置，与篮筐成一条直线。然后养成罚球前的固定动作习惯。例如，许多球员罚球前会运几下球，转球，做一个深呼吸，然后再将罚篮投出。找到一些能让你更自信和更舒服的罚篮前动作，然后每次罚篮前都做这些动作。罚球时脚不可以越过或者踩上罚球线，这样是违例的，那次罚球机会将会被剥夺。罚球时脚站定就可以避免这样的失误。通过轻微弯曲膝盖为罚篮蓄力，出手时膝盖和手肘同时伸展开来，脚尖踮起。罚篮动作和你之前学的投篮动作有很多相同之处。重温这章前面讲的投篮姿势，确保你的投篮姿势是完美无误的。

精　练

现在已经学习了外线投篮的基本功，是时候进入到精练阶段了，你的技术将会得到考验，这才是真正训练的开始。

1 分钟中距离投篮练习

精练

准　备

- 一名球员参与，使用一个篮球。
- 球员持球站在篮下。

执　行

1. 球员向场内掷球，在球第一次落地反弹后将球接起然后完成一个中距离投篮。

2. 球员拿下篮板球随后重复第一步。

3. 球员进行练习 1 分钟，所有投篮都必须是在离篮筐 12 到 15 英尺（3.7 到 4.6 米）的距离投出的。

4. 球员每投中一球得一分。

教学点

球员训练时的速度节奏应该比比赛时的速度更快。

记分牌

大学青年队水平：3 到 5 分。

大学校队水平：6 到 8 分。

职业联赛水平：9 到 11 分。

全明星水平：12 分及以上。

1 分钟三分球投篮练习

精练

准　备

- 一名球员参与，使用一个篮球。
- 球员持球站在篮下。

执　行

1. 球员向三分线外掷球（不要将球掷出场外），在球第一次落地反弹后将球接起，然后完成一个三分投篮。

2. 球员拿下篮板球，随后重复第一步。

3. 球员进行练习 1 分钟。

4. 球员每投中 1 球得 1 分。

教学点

为了最大化得分潜能，球员应该试图在篮板球落地之前就将球接到。

记分牌

大学青年队水平：1 到 3 分。

大学校队水平：4 到 6 分。

职业联赛水平：7 到 9 分。

全明星水平：10 分及以上。

两侧肘区投篮练习

精练

准　备

- 两名球员参与，使用一个篮球。
- 球员 1 站在肘区，球员 2 持球站在篮下。

执　行

1. 球员 2 传球给球员 1，球员 1 在肘区完成投篮。

2. 球员 1 交替在左右两个肘区进行中距离投篮，球员 2 捡篮板球后将球传给球员 1。

3. 球员 1 进行训练 60 秒。

4. 球员 1 每命中 1 球得 1 分，然后与球员 2 交换位置。

教学点

为了最大化球员的得分能力，投手应该在球在空中的时候就从一个肘区移动到另一个肘区。

记分牌

大学青年队水平：7 到 9 分。

大学校队水平：10 到 12 分。

职业联赛水平：13 到 15 分。

全明星水平：16 分及以上。

侧翼、底角投篮练习

精练

准　备

- 两名球员参与，使用一个篮球。

执　行

1. 球员 1 交替在两个底角和侧翼进行中距离投篮，球员 2 抢篮板球并为球员 1 传球。

2. 球员 1 训练 60 秒，然后在球场另一端重复训练。

3. 球员 1 每命中 1 球得 1 分。

教学点

投篮球员在训练时应始终保持低重心运动姿态。

记分牌

大学青年队水平：7 到 9 分。

大学校队水平：10 到 12 分。

职业联赛水平：13 到 15 分。

全明星水平：16 分及以上。

精进中距离投篮练习

精练

准　备

- 两名球员参与，使用一个篮球。

执　行

1. 球员 1 在两分钟内尝试在图中 5 个点各命中 5 个投篮，每个点有 7 次投篮机会，球员 2 负责抢篮板球和为球员 1 传球（见图 4.16）。

2. 如果球员 1 在某个点上 7 次投篮不能命中 5 个球，那么他需要在那个点重新尝试 7 次投篮。

3. 记下球员 1 两分钟内在几个点上用 7 次投篮机会命中 5 次投篮。

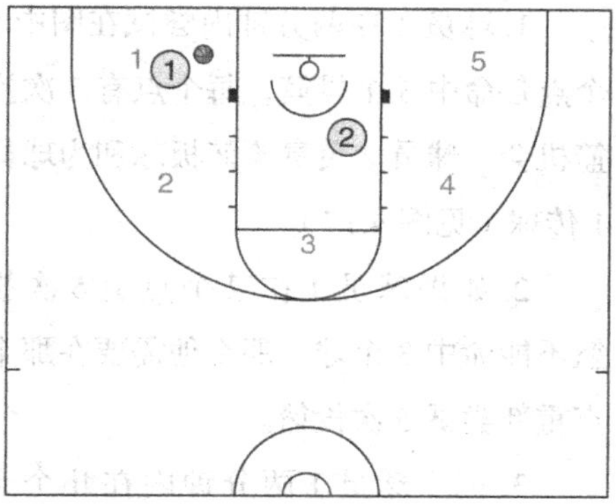

图 4.16　精进中距离投篮练习

教学点

虽然投篮命中是训练的目标，球员还是需要用比赛的速度进行训练。

记分牌

大学青年队水平：1 到 2 个点。

大学校队水平：3 个点。

职业联赛水平：4 个点。

全明星水平：5 个点。

精进远距离投篮练习

精练

准 备

- 两名球员参与，使用一个篮球。

执 行

1. 球员 1 在两分钟内尝试在图中 5 个点各命中 3 个投篮，每个点有 5 次投篮机会，球员 2 负责抢篮板球和为球员 1 传球（见图 4.17）。

2. 如果球员 1 在某个点上 5 次投篮不能命中 3 个球，那么他需要在那个点重新尝试 5 次投篮。

3. 记下球员 1 两分钟内在几个点上用 5 次投篮机会命中 3 个投篮。

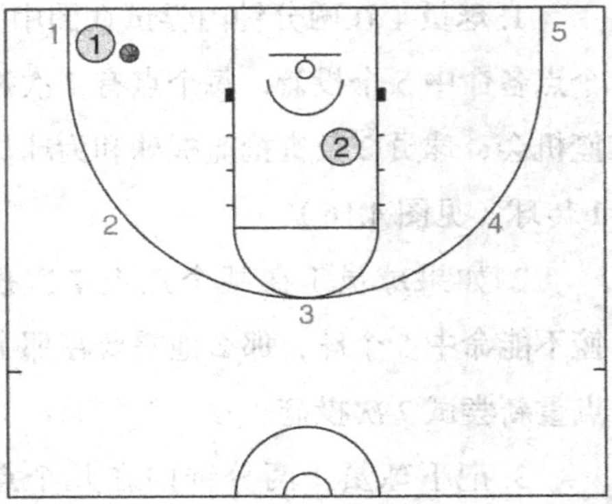

图 4.17 精进远距离投篮练习

教学点

接球时降低重心，远投时用腿发力，以增加投篮距离。

记分牌

大学青年队水平：1 到 2 个点。

大学校队水平：3 个点。

职业联赛水平：4 个点。

全明星水平：5 个点。

一步或两步运球后跳投练习

精练

准　备

- 两名球员参与，使用一个篮球。
- 球员 1 持球站在钥匙区顶端，进入低重心运动姿态，球员 2 站在篮下。

执　行

1. 球员 1 向右运一下球，完成一个跳投，然后退回到钥匙区顶端。球员 2 拿下篮板球传回给球员 1。

2. 球员 1 向右运两下球，完成一个跳投，然后退回到钥匙区顶端。球员 2 拿下篮板球传回给球员 1。

3. 球员 1 在左侧重复训练，向左侧运一下球跳投，然后向左运两下球跳投（见图 4.18）。

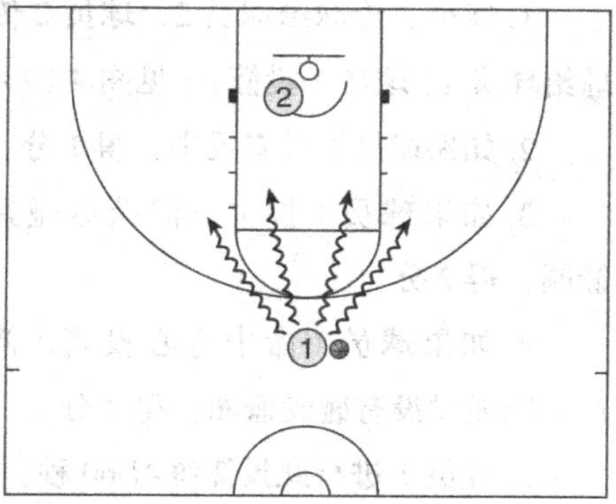

图 4.18　一步或两步运球后跳投练习

4. 球员进行训练两分钟。

5. 球员 1 每命中一个投篮得 1 分。

教学点

大力运球，从而保证快速投篮，快速运球有助于加快投篮出手速度。

记分牌

大学青年队水平：6 到 10 分。

大学校队水平：11 到 15 分。

职业联赛水平：16 到 20 分。

全明星水平：21 分及更多。

快速实战投篮练习

精练

准 备

- 三名球员参与，使用两个篮球和五个锥筒。
- 球员 2 和球员 3 各持一球。

执 行

1. 球员 3 传球给球员 2，球员 2 传球给球员 1，球员 1 投篮。（见图 4.19）。
2. 如果球员 1 没有投中，得 1 分。
3. 如果球员 1 投中，但篮球碰到篮圈，得 2 分。
4. 如果球员 1 命中空心投篮，篮球穿网而过没有碰到篮圈，得 3 分。
5. 球员 1 进行此投篮练习 60 秒。
6. 球员 1 在 5 个投篮点重复训练。

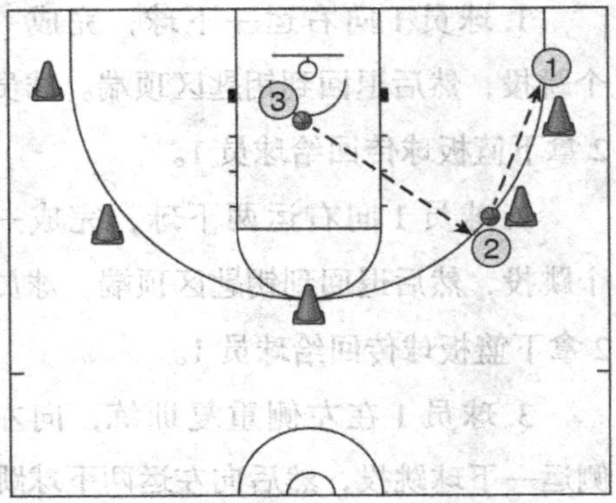

图 4.19 快速实战投篮练习

教学点

这项训练加快了投篮速度，传球位置的球员应该在投篮球员投完一个跳投下降时就完成传球。

记分牌

大学青年队水平：15 到 24 分。

大学校队水平：25 到 34 分。

职业联赛水平：35 到 44 分。

全明星水平：45 分或更多。

罚球练习

精练

准　备

- 两名球员参与，使用一个篮球。
- 球员 1 持球站在罚球线，球员 2 站在篮下，计时 20 分钟。

执　行

1. 球员 1 第一次罚球时计时开始。

2. 球员 1 练习罚球 10 分钟，每次罚球前用相同的习惯动作，球员 2 负责抢篮板球。

3.10 分钟到了后，记下球员 1 在 10 分钟罚篮练习中连续命中的最多个数。

教学点

球员应该完成罚球前的一系列固定习惯动作，不要在意时间。球员应该专注在罚球动作上，对自己要有信心。

记分牌

大学青年队水平：连续命中 1 到 3 个。

大学校队水平：连续命中 4 到 6 个。

职业联赛水平：连续命中 7 到 9 个。

全明星水平：连续命中 10 个或更多。

你现在已经学会了提高外线投篮的训练方法，那么现在就行动起来吧，掌握外线投篮！

第 5 章

获得空间

无球跑动能力对于任何类型的进攻来说都是至关重要的。球员在一对一防守时必须有能力找到空位。球员必须有串联、掩护和利用掩护的能力。掌握这些能力需要有稳固的基本功、对比赛防守的正确阅读和反复练习。你知道吗？球员在场上的大部分时间是无球跑动，这是事实。球员没有拿球是不是就对比赛没有影响？当然不是。本章的目的就是让你学会如何做好一名无球球员。

空切基本功

2012 年，我在比利时林堡省举办了一个训练营，训练小球员，包括男孩和女孩。所有球员和教练都参与到训练中是一个非常好的学习经历。我清楚记得当我开始教球员掩护和利用掩护时，训练营主任礼貌地打断了我，我们进行了一个私下的谈话。他解释说，在他们当地，球员更大一些时才开始学习掩护和利用掩护，只有球员掌握了自己创造空间后才应开始学习掩护。我认同主任的说法，先教小球员在一对一防守下的空切动作和技术。我非常喜欢他们当地的教学进程，并将这个进程引入到我后来的训练营中。熟练掌握空切技术需要大量重复练习。有时候教练并不允许花足够的时间练习空切。优秀的空切球员有能力在任何时候、面对任何防守的情况下找到空位。获得空间后球员还要有能力继续推进团队进攻或者自己轻易投篮。成为一个出色的空切手需要坚实的基本功和正确的技术运用。我将先讨论空切手应该培养的正确习惯。为了帮助你记住这些习惯，我们将从字母S开头的词汇开始。然后，我会教你如何在常见的进攻战术和动作中运用基本功，从而获得空间。

得分点（Scoring Spot）

当切入和寻找空间时，哪里才是接球的最好位置？球员寻求在得分点接球。得分点就是球场上你可以有效投篮得分的开阔区域。我经常看见球员在离篮筐30英尺（约10米）的地方空切接球，但在那里他们并不能有效投篮得分。在你希望接球的地方接球，而不是在防守球员希望你接球的地方接球，这是重中之重。

姿势（Stance）

正如你在之前章节学到的，运动的姿态将会给你优势。保持膝盖轻微弯曲，双脚与肩同宽，背部挺直，重心稍微向前倾。打无球是个脚下活，需要突然变向和变速，以及吸收身体撞击的能力。保持低重心运动姿态，从而达到保持身体平衡和最大化运动能力的目的。

准备（Setup）

开始假装向一个开阔的区域跑动。如果你希望获得一个高重心的开阔空间，假装跑动时降低重心；如果你希望获得一个右边的空间，先假装向左边跑动。一个成功假动作的关键是要用整个身体欺骗对手。如果假动作做的不够真，那么对手是不会上当的。假动作迈出去的那一步要短而有力，然后快速将重心和目光转移到另一个方向。确保假动作迈出去的步子要短，以保持对身体平衡的控制。简短的假动作可以让你摆脱防守，长的假动作会让你自己失去平衡。空切时假动作做得好可以让你一开始就建立对防守的优势。

冲刺（Sprint）

当通过假动作获得优势后，再通过一个冲刺完成空切。观察所有出色的无球球员，你会发现，他们做完假动作后就立即全速去接球。如果不能及时到达你想要去的位置，那么一开始通过假动作获得的优势也没有价值。

展示双手（Show Hands）

向传球球员伸出双手，十指向上，让他看见，这样他就有传球的目标。展示双手是告诉队友说你正处于空位，这样也让你做好了接球的准备。

看球（See the Ball）

无球跑动的一条黄金法则是永远要知道球在场上的位置。如果你不知道球在哪，不知道持球队友在做什么，那么就很难做出正确的空切跑位。看着球也可以减少失误，因为你时时刻刻都可以准备去接队友的传球。

说话（Speak）

如果你想要球，直接说！如果你处于空位，直接用一个坚定的语气叫持球队友的名字要球，并说出你在场上的位置（例如：马库斯！球！你的右边！底角！）。

变速（Cut Slow and Then Co）

进攻球员控制着比赛，因为他们知道什么时候开始、停止和变向。所有防守球员可以做的就是预测进攻球员的下一步。我发现许多球员速度非常快，但在摆脱防守时却没那么容易。为什么？因为他们一直很快。我告诉球员要变速，一直用相同的速度，防守球员很容易就猜到你的下一步。突然变速会让你难以预测，也可以让你创造出空间。

拉开空间（Spread Out）

无球跑动的另一个基本准则就是空间。与你最近的队友之间的距离保持在15到18英尺（4.6到5.5米）。如果没有拉开空间，那么一个防守球员就可以同时防守两个进攻球员。在场上为自己和队友创造空间，这永远都不会错。

一对一摆脱动作

无球一对一摆脱防守的能力是任何类型进攻的重要部分。接下来，我们讲讲摆脱防守获得空间的基本动作。

V形空切

V形空切是无球球员获得空间的最好跑位动作。叫作V形空切是因为球员跑动空切的路线是字母V字形。执行V形空切时先进入低重心运动姿态，在场上贴着防守球员向低位移动。内侧脚站定，突然出其不意变向，起身冲刺，伸出双手目视持球队友准备接球。用一个坚定有力的语气呼叫队友的名字，并告诉他你在场上的位置。接到球后面向篮筐，进入一个三重威胁姿势（见图5.1a到图5.1c）。

图5.1　V形空切

图 5.1　V 形空切（续）

两球 V 字切入练习

分解

准 备

- 两名球员参与，使用两个篮球。
- 球员 1 在钥匙区顶端外运两球，球员 2 站在低位阻区。

执 行

1. 球员 1 在运球的同时，球员 2 执行一个 V 形空切，然后冲向侧翼。

2. 球员 1 对空切做出反应，用外侧手向球员 2 完成一个空中传球（见图 5.2）。

3. 球员 2 接球，随后运球完成上篮。

4. 球员 2 随后运两步球到罚球线，用剩下的那个球完成投篮。

5. 球员在场地两侧各完成 5 次训练。

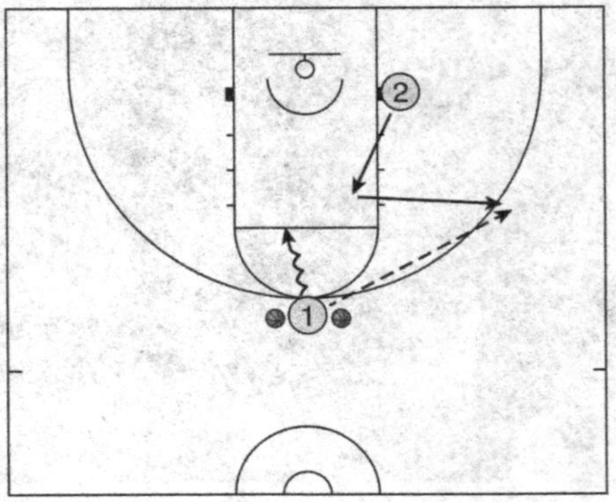

图 5.2 两球 V 字切入练习

教学点

尽管这项训练没有防守球员，但两名进攻球员应该用比赛的速度训练，良好的习惯就是这样养成的。我在训练中反复说的一句话就是“你在训练的时候怎么做，在比赛时就怎么做。”

L 形空切

在防守球员贴身防守的情况下，L 形空切可以更轻易地获得空间。叫作 L 形空切是因为球员的跑动路线像英文字母 L。执行 L 形空切时在阻区先进入低重心运动姿态，然后贴着防守球员慢慢沿着禁区朝肘区走，绕过防守球员身体获得一个处于防守球员和侧翼之间的内部位置。一旦你获得了内部位置，冲向侧翼，伸出双手目视持球队友准备接球。用一个坚定有力的语气呼叫队友的名字，并告诉他你在场上的位置。接到球后面向篮筐，进入一个三重威胁的姿势（见图 5.3）。

图 5.3　L 形空切

两球 L 字切入练习

分解

准　备

两名球员参与，使用两个篮球。

球员 1 在钥匙区顶端外运两球，球员 2 站在低位阻区。

执　行

1. 球员 1 在运球的同时，球员 2 执行一个 L 形空切，然后冲向侧翼。

2. 球员 1 对空切做出反应，用外侧手向球员 2 完成一个空中传球（见图 5.4）。

3. 球员 2 接球后完成一个外围投篮。

4. 球员 2 随后运两步球到罚球线，用剩下那个球完成投篮。

5. 球员在场地两侧各完成 5 次训练。

教学点

球员在每次空切时都应该变速。他们应该在何时启动、停止和变向上让对手不可预测。

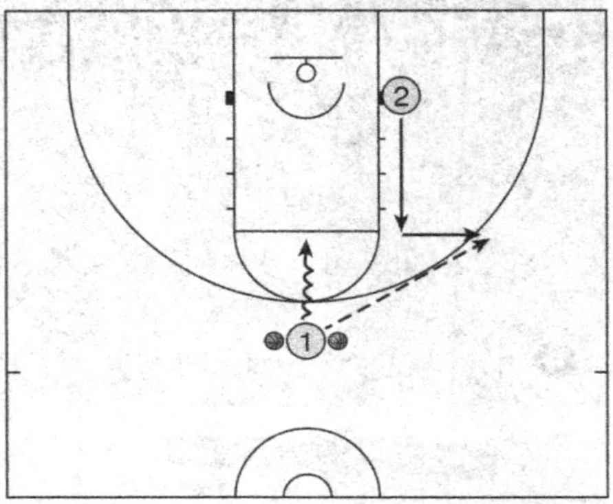

图 5.4　两球 L 字切入练习

后门空切

后门空切是对付过度强硬防守的上佳办法。当你与篮筐之间没有防守球员，或者防守球员的眼睛没有看着你时，你就可以使出一个出其不意的后门空切。后门空切通常只用在 V 形空切和 L 形空切之后。如果你以高重心空切，防守球员进入持球手与你之间，以切断传球路线，那么你就应该再使用一个后门空切。要执行后门空切，先进入低重心运动姿态，伸展外侧手，就像准备要接球一样。我的一个导师曾说，你必须通过大喊，向你的对手“兜售”后门空切。当你伸展外侧手，用急迫的表情向队友大喊要球。当防守球员失去内侧位置，你就可以突然变向冲向篮下，你的持球队友通过击地或者高抛给你传球，你在内线拿到球就可以完成一个高命中率的内线投篮（见图 5.5）。

图 5.5　后门空切

两球后门空切练习

分解

准 备

两名球员参与，使用两个篮球。

球员 1 在钥匙区顶端外运两球，球员 2 站在低位阻区。

执 行

1. 球员 1 在运球的同时，球员 2 执行一个 V 形空切，然后冲向侧翼。

2. 在侧翼，球员 2 以外侧脚为轴，伸展手臂要球。

3. 球员 2 然后变向，直接向篮下切入。

4. 球员 1 对空切动作做出反应，用外侧手向球员 2 完成一个击地传球。（见图 5.6）。

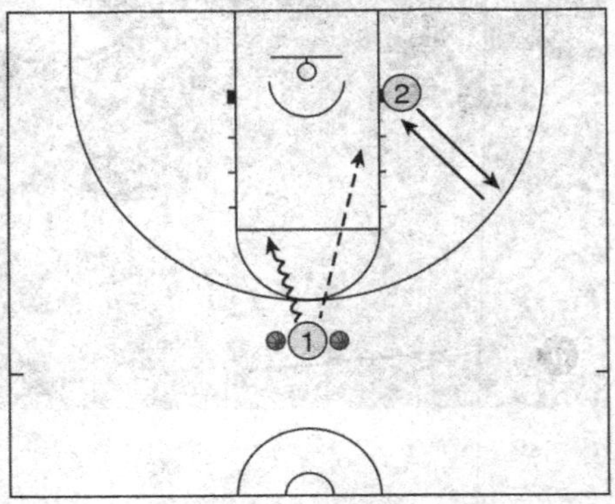

图 5.6 两球后门空切练习

5. 球员 2 接球上篮。

6. 球员 2 随后运两步球到罚球线，用剩下那个球完成投篮。

7. 球员在场地两侧各完成 5 次训练。

教学点

当球员在执行后门空切变向这一动作时，我指导他们要“站定 - 推进”。我想要他们一只脚站定时不仅仅是停住，而是像用脚猛戳地板一样有力。这样防守球员更容易被骗然后提高重心，你也可以低重心完成向篮下的冲刺。

一对一背身单打动作

最好的背身单打球员通过无球跑动为自己和球队创造高命中率投篮的机会。他们不断从球场一侧向另一侧空切跑动，以获得一个对防守球员的优势位置，在这个位置上他们能够轻易接到传球，完成高质量传球。这通常被称作从阻区到阻区的空切。在这里我将讲两种非常高效的阻区到阻区空切的动作。

假动作 - 跑动

当从一个阻区向另一个阻区空切以寻求低位单打机会时，试着使用假动作 - 跑动这一系列动作。先从弱侧的阻区开始，弱侧是指球场上无球的一侧。当在弱侧时，降低重心，进入运动姿态，然后做一个假动作，再向另一侧的阻区空切。

一旦做完假动作，立即向有球一侧的阻区冲刺，伸出手要球，告诉持球队友你在场上的位置。在有球一侧阻区获得一个极佳的位置，防守球员在你身后。保持这个位置，直到持球队友将球传给你（见图 5.7）。

图 5.7　假动作 – 跑动空切

两球切入投篮练习

分解

准 备

两名球员参与，使用两个篮球。

球员 1 在三分线外的侧翼运两球，球员 2 站在另一侧的低位阻区。

执 行

1. 球员 1 在运球的同时，球员 2 执行一个假动作 - 跑动动作，随后向有球一侧的低位阻区空切。

2. 球员 1 对空切做出反应，向球员 2 完成传球（见图 5.8）。

3. 球员 2 接球完成一个内线投篮。

4. 球员 1 用剩下那个球完成投篮。

5. 球员在球场两侧各完成 5 次训练。

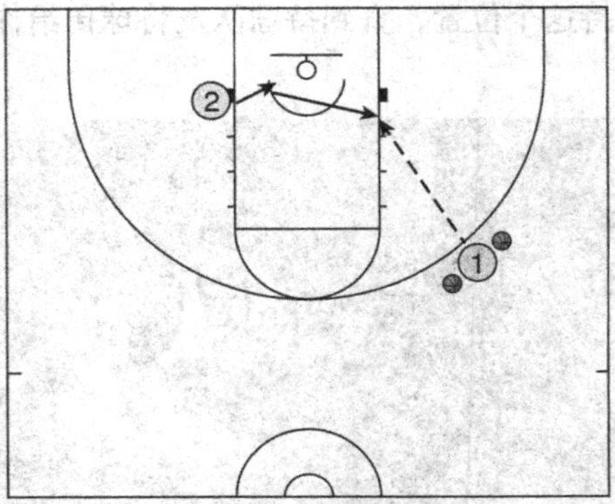

图 5.8 两球切入投篮练习

教学点

在空切结束后，确保球员落位在阻区上，这样他们就有合适的得分角度。

游泳动作

游泳动作源自橄榄球场。当防守球员非常有侵略性时，用身体对抗来阻止你从一个阻区向另外一个阻区空切，你就可以使用游泳动作。当执行一个游泳动作时，你最初的焦点应该是保持低重心的运动姿态，从而在身体对抗后能保持平衡。当身体接触发生后，或防守球员用强有力的手臂阻止你向前运动时，你应首先将防守球员的手臂挡开，另一只手用游泳的动作绕过防守球员的身体，以获得有利的位置。如果防守球员用左手放在你胸前阻挡你前进，用你的右手挡开他的左手，然后用你的左手做游泳动作摆脱防守。如果防守球员用右手放在你胸前阻挡你前进，那么用你的左手挡开他的右手，然后用右手做游泳动作摆脱防守。

一旦做完游泳动作，立即向有球一侧的阻区冲刺，伸出手要球，告诉持球队友你在场上的位置。你应在有球一侧阻区获得一个极佳的位置，防守球员在你身后。保持这个位置，直到持球队友将球传给你（见图 5.9）。

图 5.9　游泳动作

两球游泳动作练习

分解

准　备

两名球员参与，使用两个篮球。

球员 1 在三分线外的侧翼运两球，球员 2 站在篮筐另一侧的低位阻区。

执　行

1. 球员 1 在运球的同时，球员 2 执行一个游泳动作，然后向有球一侧的低位阻区空切。

2. 球员 1 对空切做出反应，向球员 2 完成一个传球。

3. 球员 2 接球完成一个内线投篮。

4. 球员 1 运两步球到肘区，然后用剩下那个球完成投篮（见图 5.10）。

5. 球员在球场两侧各完成 5 次训练。

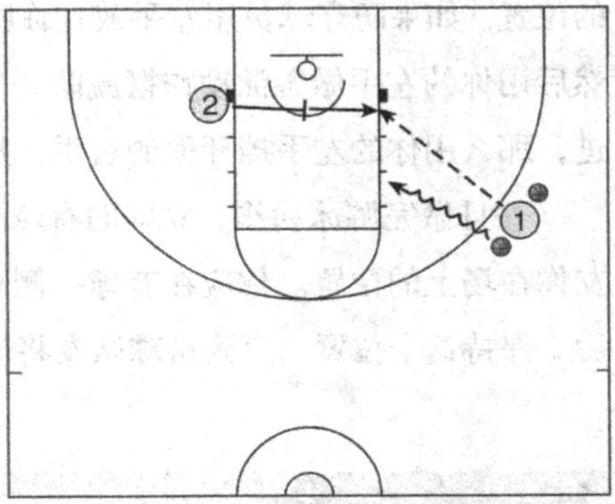

图 5.10　两球游泳动作练习

教学点

当完成游泳动作后，球员应沿直线向另外一侧阻区空切，两点之间直线最短。

掩护基本功

掩护就是挡住有球或无球队友的防守者，帮他们摆脱防守获得空位。在我讲最常用的一些掩护类型之前，让我们先看看正确掩护的基本动作。

设立掩护然后冲刺

方向对成功的掩护来说很重要。球员在掩护时不要带上防守自己的球员，这样就能创造一个暂时的二对一优势，为掩护球员和切入球员创造得分机会。如果你想要为持球队友掩护，先假装远离球，然后再冲向持球队友为他掩护。如果你为队友掩护想让他从你左侧过，先假装向右走，然后再冲向队友为他做掩护。永远都要冲过去为队友掩护。假动作让你领先一步，冲刺让你先到达为队友掩护的地点。

分开双腿

当冲过去为队友做掩护时，用一步急停，就是我们通常所说的“跳停”。做掩护要求你吸收防守球员的身体撞击。当你突然停住后，分开双腿，与肩同宽，这样能更好地保持平衡和控制身体，双手交叉放在身前，保护腹股沟。这种强力的姿态对防守球员来说是一个较难绕过的障碍。

停　留

保持掩护动作，直到队友从身边走过。如果当你站定掩护后再移动挡住防守球员的线路，裁判会吹你犯规。你必须站着不动，队友会等待时机利用你的掩护，从你身边走过。防止非法掩护的一个好的方法就是让掩护球员掌控节奏。掩护球员站定做好掩护动作，随后对队友说“走”，队友再从掩护球员身边走过。

回去进攻

掩护球员的背应该指向他希望队友切入的区域。例如，掩护时，调整好角度，背对篮筐，这样切入的队友就有更好的得分机会。一个准则就是，掩护球员背对高命中率得分的区域，而不是有防守球员的区域（见图5.11）。

图 5.11　正确的掩护姿势

有球掩护

有球掩护就是为持球的队友掩护。有球掩护在近几年变得越来越受欢迎，因为它很难防守。有球掩护为持球球员和掩护球员都创造了得分机会，同时也会造成错位，因为防守球员有时被迫防守和他们不同位置的球员。有球掩护后最常用的两个动作就是内切和外切。当持球队友绕过掩护，掩护球员的防守者失位，那么掩护球员就可以使用内切。作为掩护者，如果你和篮筐之间没有人，掩护完后立即转身面向持球队友，全力向篮筐空切，手臂伸展要球。持球队友向你击地传球或者高吊传球，你接球后完成内线投篮（见图 5.12）。和内切对应的是外切。

图 5.12　内切

当持球球员利用完掩护，而掩护球员的防守者选择留在内线保护篮筐时，掩护球员就可以用外切。当这种情况发生时，掩护结束后你立即转向持球队友，往外撤几步，同时伸开手臂要球。持球队友向你传球，你随后完成一个中远距离投篮（见图 5.13）。

图 5.13　外切

挡拆练习

分解

准　备

- 两名球员参与，使用一个篮球。
- 球员 1 持球站在钥匙区顶端的三分线外，球员 2 在低位阻区。

执　行

1. 球员 2 冲向球员 1，然后为其做掩护。

2. 球员 1 通过掩护后向前运两步球，球员 2 转身面向球员 1，向篮下空切。

3. 球员 1 完成向球员 2 传球。（见图 5.14）。

4. 球员 2 接球后上篮。

5. 球员在场地两侧各完成 5 次训练教学点。

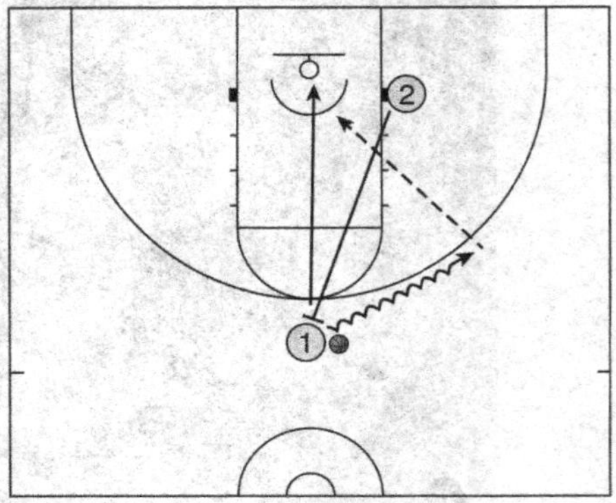

图 5.14　挡拆练习

获得空间

持球队员要假装向掩护球员的反方向移动。

挡拆向外拆开练习

分解

准 备

- 两名球员参与，使用一个篮球。
- 球员 1 持球站在钥匙区顶端的三分线外，球员 2 在低位阻区。

执 行

1. 球员 2 冲向球员 1，然后为其做掩护。

2. 球员 1 通过掩护后向前运两步球，球员 2 转身面向球员 1，随后退至相反方向的阻区。

3. 球员 1 完成向球员 2 传球 1（见图 5.15）。

4. 球员 2 接球后完成一个中距离投篮。

5. 球员在场地两侧各完成 5 次训练。

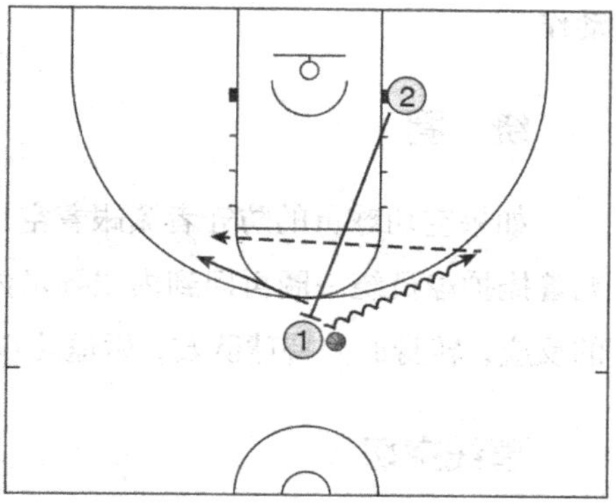

图 5.15　挡拆向外拆开练习

教学点

在接球之前，掩护球员应该进入低重心运动姿态，伸出双手，做好投篮准备。

下掩护

下掩护是处于侧翼的球员为底线附近的队友做掩护，挡住防守球员，使队友能摆脱防守跑到高位跳投的一种战术。空切球员在通过掩护时降低重心用内侧脚做假动作假装要从一个方向通过（见图 5.16a）。空切球员通过掩护球员时要紧紧贴着掩护球员，内侧肩膀贴着掩护球员的臀部穿过，保证自己是第一个通过掩护的球员。从这点开始，空切球员和掩护球员串联起来，阅读防守然后做出相应的动作。

绕　圈

如果空切球员的防守者紧跟着空切球员通过了掩护，那么空切球员应该紧紧贴着掩护球员绕一圈再回到内线寻求内线投篮机会。同时掩护球员也应做出相应的反应，转身面向持球队友，后退几步到底角，寻求外线投篮机会（见图 5.16b）。

直线空切

当持球队员希望只传一次球就完成进攻时，直线空切最常用。空切球员在通过掩护时直接跑向侧翼准备接球。掩护球员随后转身面向侧翼，以获得一个轻易传球的优势位置（见图 5.16c）。

后撤步

如果空切球员的防守者做假动作，从掩护下通过，就像等待空切球员绕圈回到内线一样，那么空切球员就应该后撤步。空切球员在围着掩护球员绕圈企图切回内线时，在掩护球员身后突然停住，随后变向，退两步远离空切球员，寻找一个中距离投篮的机会。这种情况下，掩护球员应该转身面向篮球，直接向篮下切，成为进攻的第二选择（见图 5.16d）。

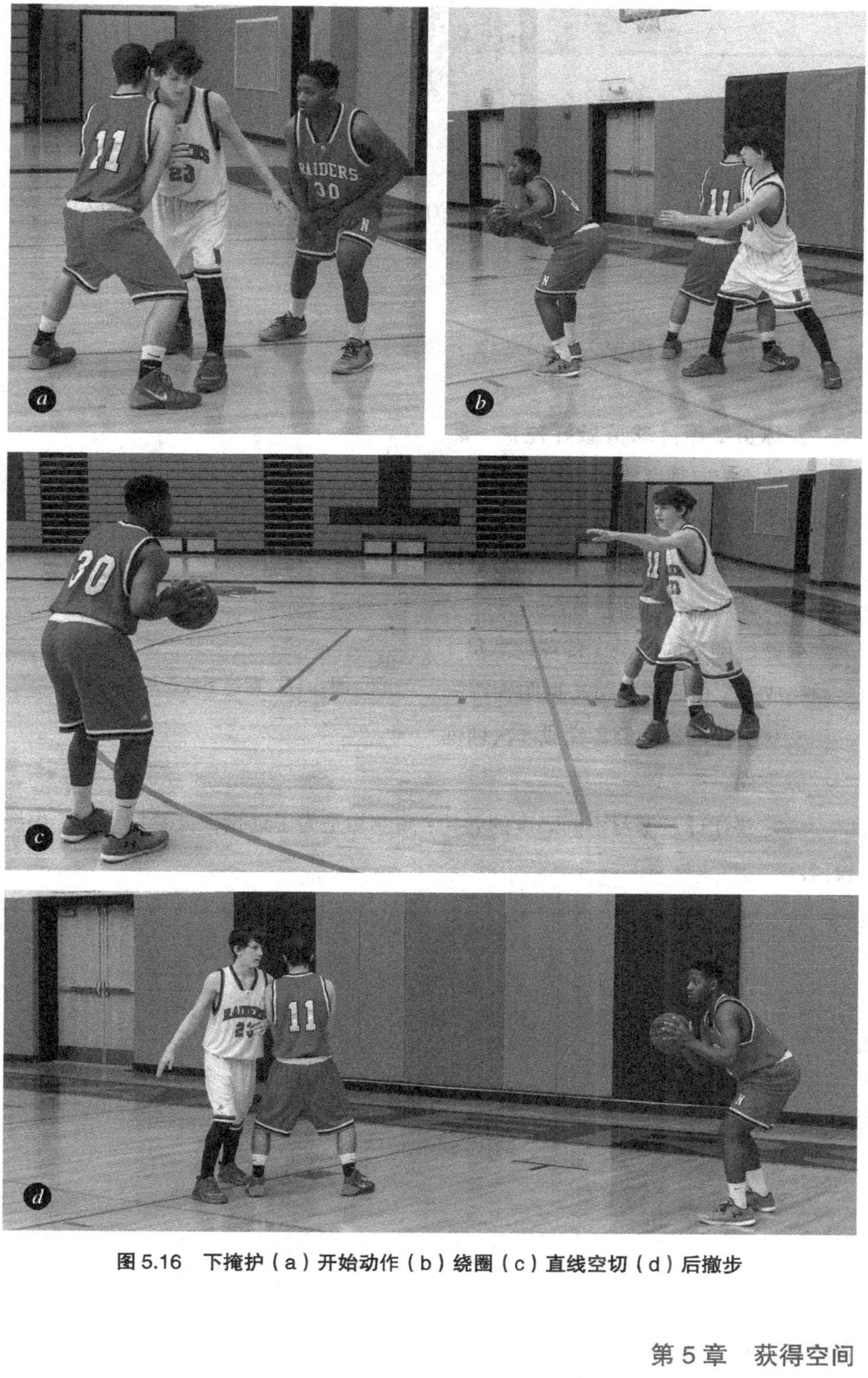

图 5.16　下掩护（a）开始动作（b）绕圈（c）直线空切（d）后撤步

两球下掩护练习：绕圈

分解

准　备

- 两名球员参与，使用两个篮球。
- 球员 1 站在侧翼，球员 2 在低位阻区。教练拿两个球站在钥匙区顶端的三分线外。

执　行

1. 球员 1 迅速跑位为球员 2 做下掩护。
2. 球员 2 等待球员做好掩护，然后 2 绕过掩护向禁区空切，随后再接教练的传球完成一个内线投篮。
3. 球员 2 绕过掩护后，球员 1 面向教练，退到底角准备投篮。
4. 教练随后向球员 1 传球，球员 1 接球完成一个中距离投篮（见图 5.17）。
5. 球员在场地两侧各完成 5 次训练。

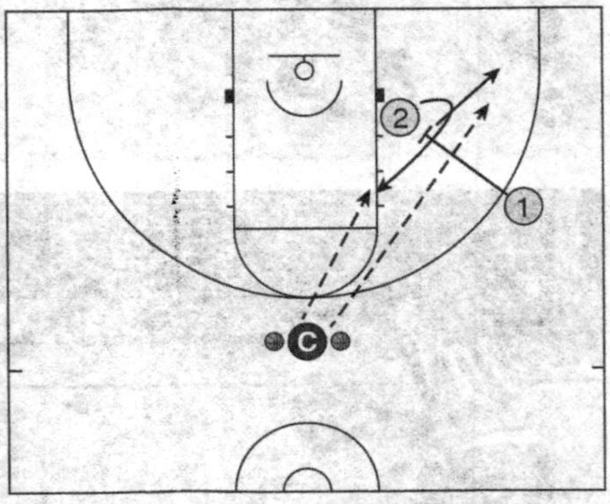

图 5.17　两球下掩护练习：绕圈

教学点

一定要让球员练习不同高度的卷切：高卷切是为了远投，低卷切是为了内线投篮。

两球下掩护练习：后撤步

分解

准 备

- 两名球员参与，使用两个篮球。
- 球员 1 站在侧翼，球员 2 在低位阻区。教练拿两个球站在钥匙区顶端的三分线外。

执 行

1. 球员 1 迅速跑位为球员 2 做下掩护。
2. 球员 2 等待球员做好掩护，然后 2 绕过掩护后退至底角，随后再接教练的传球完成一个定点中距离投篮。
3. 球员 2 绕过掩护后，球员 1 面向教练同时向篮下空切。
4. 教练随后向球员 1 传球，球员 1 接球后完成一个内线投篮（见图 5.18）。
5. 球员在场地两侧各完成 5 次训练。

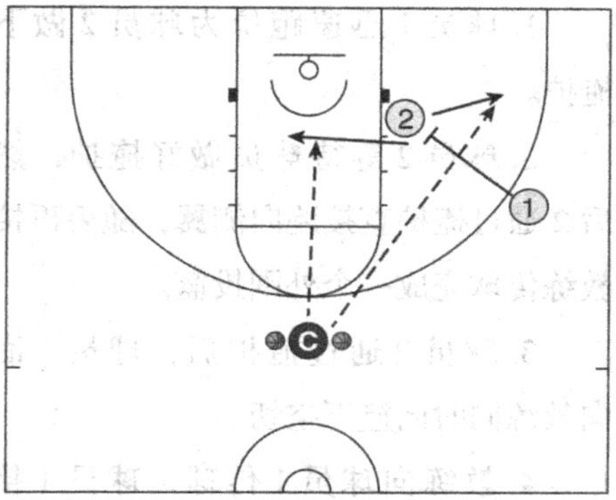

图 5.18　两球下掩护练习：后撤步

教学点

球员 1 必须等球员通过掩护后才向篮下空切。否则可能造成掩护球员的进攻犯规。

两球下掩护练习：直切

分解

准　备

- 两名球员参与，使用两个篮球。
- 球员 1 站在侧翼，球员 2 在低位阻区。教练拿两个球站在钥匙区顶端的三分线外。

执　行

1. 球员 1 迅速跑位为球员 2 做下掩护。

2. 球员 2 等待球员做好掩护，然后 2 通过掩护直接跑向侧翼，随后再接教练传球完成一个外围投篮。

3. 球员 2 通过掩护后，球员 1 面向教练同时向篮下空切。

4. 教练向球员 1 传球，球员 1 接球后完成一个内线投篮（见图 5.19）。

5. 球员在场地两侧各完成 5 次训练。

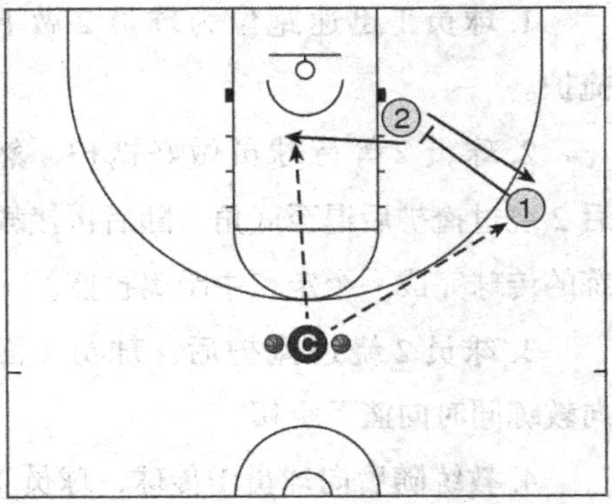

图 5.19　两球下掩护练习：直切

教学点

直切是进攻球队将球传到侧翼最常用的方法。

背掩护

背掩护是在防守球员身后设置的掩护，经常让防守球员出其不意。当一名进攻球员占据一个内线位置后，例如低位阻区，迅速跑位为外线队友设立一个背掩护，持球球员在切入前先做一个假动作，然后迅速通过掩护直接向篮下切入，以获得一个高命中率内线投篮机会。在切入球员通过掩护后，掩护球员拉到高位准备投篮，成为球队进攻的第二选择（见图 5.20）。

图 5.20　背掩护

两球背掩护练习

分解

准　备

- 两名球员参与，使用两个篮球。
- 球员 1 在低位阻区，球员 2 站在侧翼。教练拿两个球站在钥匙区顶端的三分线外。

执　行

1. 球员 1 迅速跑位为球员 2 做下掩护。

2. 球员 2 等待球员 1 做好掩护，然后通过球员 1 掩护直接向篮下切入。

3. 教练对切入做出反应，向球员 2 传球，后者完成一个上篮。教练随后用另外一个球向球员 1 传球，后者完成一个外线投篮（见图 5.21）。

4. 球员在场地两侧各完成 5 次训练。

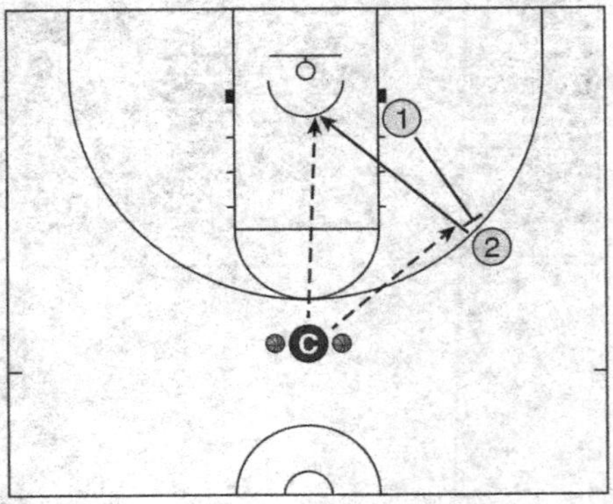

图 5.21　两球背掩护练习

教学点

为了在通过掩护时让防守球员出其不意，切入球员应眼睛一直看着持球队友，直到切入的最后一刻才迅速通过掩护切入内线，获得一个轻松的内线投篮机会。

精　练

现在你对如何创造空间的基础知识有了深入的了解，是时候开始精细化的训练了，你将开始一对一和三对三的训练，目的是完全掌握如何创造空间从而在比赛中获胜。真正的训练现在开始了！

三分线处 1 对 1 获得空间练习

精练

准　备

- 两名球员参与，使用一个篮球。
- 球员 1 站在阻区进攻，球员 2 防守。教练持球站在钥匙区顶端的三分线外。

执　行

1. 球员 1 与球员 2 对抗，以获得空间。球员 2 缠绕球员 1，同时试图抢断。球员 1 只能在篮筐的一侧，不能向另一侧空切（见图 5.22）。

2. 如果球员 1 获得空间，那么教练就向球员 1 传球。球员 1 获得 1 分，保留进攻权。

3. 如果球员 1 没有获得空间，或者球被球员 2 抢断，那么接下来就由球员 2 进攻。

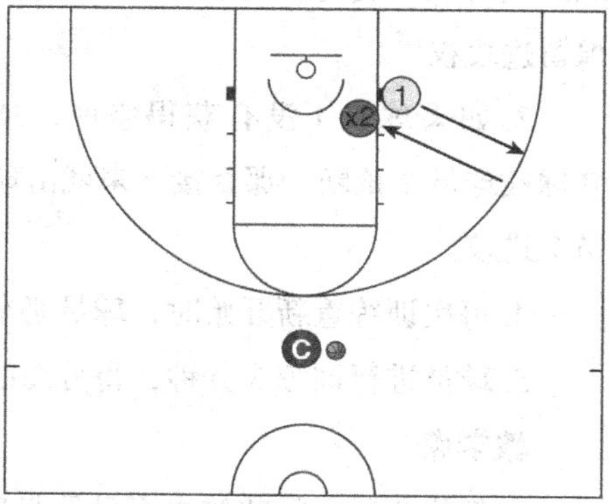

图 5.22　三分线处 1 对 1 获得空间练习

4. 球员进行训练 3 分钟，得分高的球员获胜。

教学点

在我许多训练营中，我都使用这个训练方法，这是个很好的训练，需要多次的重复。

低位 1 对 1 获得空间练习

精练

准 备

- 两名球员参与，使用一个篮球。
- 球员 1 站在篮圈另一侧的阻区上，球员 2 近身防守。教练持球站在侧翼三分线外。

执 行

1. 球员 1 穿过禁区向教练方向空切，球员 2 贴身防守试图抢断（见图 5.23）。

2. 如果球员 1 获得空间，那么教练就向球员 1 传球。球员 1 获得 1 分，保留进攻权。

3. 如果球员 1 没有获得空间，或者球被球员 2 抢断，那么接下来就由球员 2 进攻。

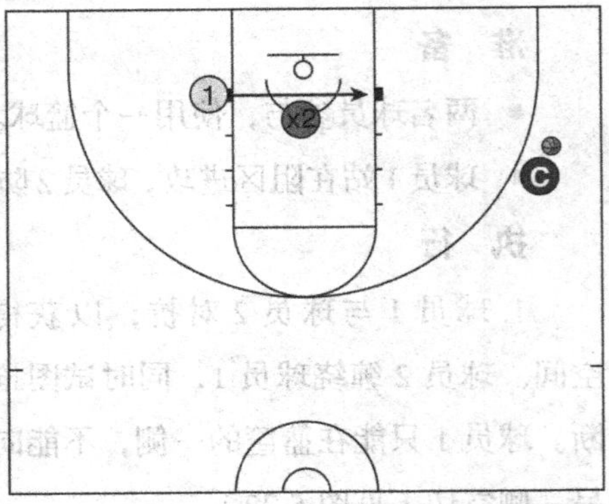

图 5.23 低位 1 对 1 获得空间练习

4. 每次训练重新开始时，球员必须站在教练另一侧的阻区。

5. 球员进行训练 3 分钟，得分高的球员获胜。

教学点

在低位获得空间的技术不只是背身单打球员应该掌握的，我们应该教会球员胜任各个位置。确保你的后卫能够低位背身单打，内线球员会后卫的动作。

3对3背掩护练习

精练

准　备

- 六名球员参与，用一个篮球。
- 三名球员进攻，三名球员防守。

执　行

1. 每传一次球，无球的进攻球员必须立即设立一个背掩护，没有做到就算一次失误（见图5.24）。

2. 这个比赛是实时的，进攻一方可以任何时候得分。

3. 每次命中投篮得1分，每次得分后进攻球队依然有进攻权。

4. 防守一方必须在阻止进攻球队的得分后才可以获得进攻权。

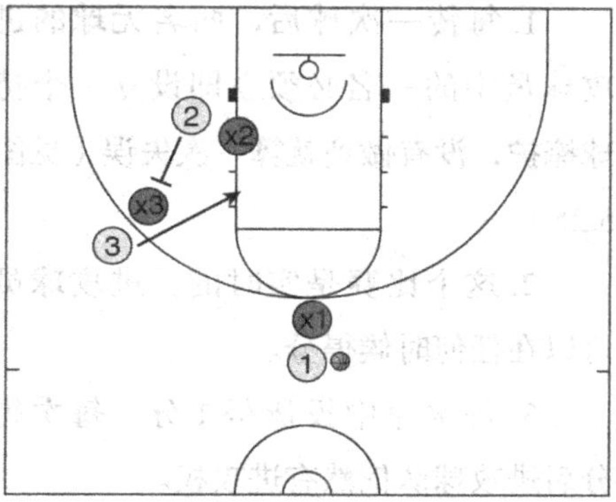

图5.24　3对3背掩护练习

5. 比赛进行10分钟，得分多的球队获胜。

教学点

在训练时自由执行你的判断。如果接球者是刚使用或设立过背掩护的一名球员，那么我通常就会选择性忽略与未参与设立背掩护的其他球员进行串联配合。

3 对 3 有球掩护练习

精练

准　备

- 六名球员参与，使用一个篮球。
- 三名球员进攻，三名球员防守。

执　行

1. 每传一次球后，两名无球的进攻球员中的一名必须立即设立一个持球掩护，没有做到就算一次失误（见图 5.25）。

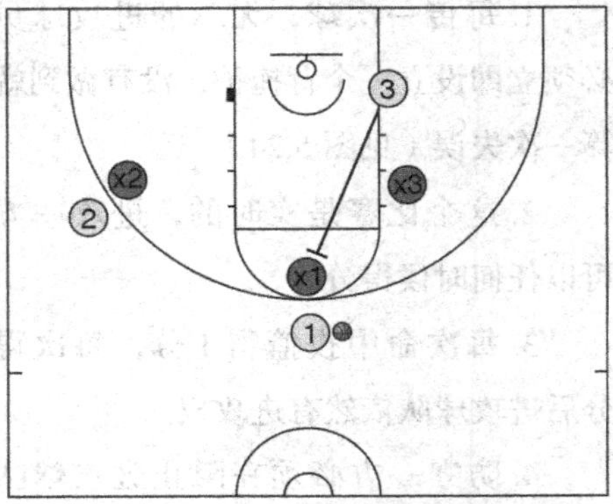

图 5.25　3 对 3 有球掩护练习

2. 这个比赛是实时的，进攻球员可以在任何时候得分。

3. 每次命中投篮得 1 分，每次得分后进攻球队依然有进攻权。

4. 防守一方必须在阻止进攻球队的得分后才可以获得进攻权。

5. 比赛进行 10 分钟，得分多的球队获胜。

教学点

在训练时自由执行你的判断。如果接球者是刚使用或设立过有球掩护的一名球员，那么我通常就会选择性忽略与未参与设立有球掩护的其他球员进行串联配合。

3对3下掩护练习

精练

准　备

- 六名球员参与，使用一个篮球。
- 三名球员进攻，三名球员防守。

执　行

1. 每传一次球后，两名无球的进攻球员中的一名必须立即设立一个下掩护，没有做到就算一次失误（见图5.26）。

2. 这个比赛是实时的，进攻一方可以任何时候得分。

3. 每次命中投篮得1分，每次得分后进攻球队依然有进攻权。

4. 防守一方必须在阻止进攻球队的得分后才可以获得进攻权。

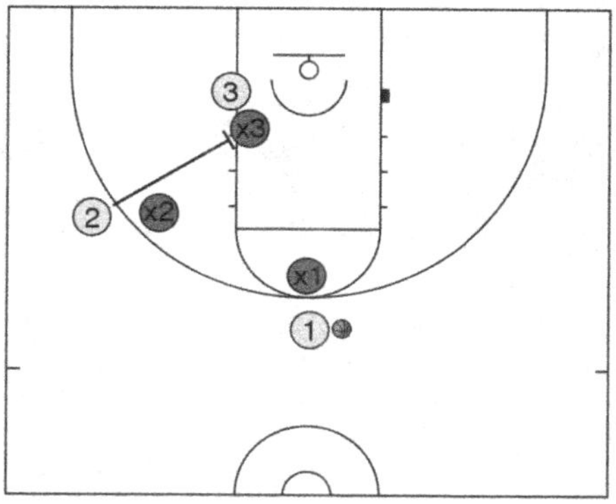

图5.26　3对3下掩护练习

比赛进行10分钟，得分多的球队获胜。

教学点

在训练时自由执行你的判断。如果接球者是刚使用或设立过下掩护的一名球员，那么我通常就会选择性忽略与未参与设立下掩护的其他球员进行串联配合。

作为球队的一员，你必须学会获得空间，学会设立掩护和利用掩护。这是任何球队进攻的重要组成部分。下次你看大学篮球比赛或者职业比赛时，观察那些手上没有球的球员是怎么做的。观察他们怎么努力空切，他们如何利用队友掩护，以及他们如何阅读防守。我之前已经说过，球员在一场比赛中大多时候手上是没有球的，这是你需要花更多时间练习掌握如何为你自己和队友创造空间的原因。

第6章

篮板球

篮板球对一场比赛的结果起到决定性作用。篮板球更多的球队通常是获胜的一方。为什么呢？一支球队如果获得防守篮板，就会减少对手二次进攻的机会，获得进攻篮板就能够增加自己的持球时间和得分机会。简单来说，更多的篮板球就意味着自己有更多进攻机会，而对手的进攻机会更少。这就是为什么抢篮板球是一项非常重要的技术。

而在我看到的各个层次的训练中，抢篮板往往成为训练最少和最被忽视的技能，这让我感到担忧。教练们不知道怎么教基本的抢篮板技术，所以他们模糊的指导对球员也毫无用处。很多时候教练只会教球员“卡位挡人”或者“抢球”。这些就是出色篮板手所需掌握的全部技术吗？这些就是球员统治篮板所需要的正确工具？抢篮板是一项技术，球员需要从一个战术的角度学习。努力、强悍和决心非常重要，应该得到重视，正确的阅读比赛和反应同等重要。在本章，我将重点讲抢篮板球的基本技术，然后通过一系列训练强化这些技术和观念。

防守篮板基本战术动作

成为出色的防守篮板球队的基本目的就是限制对手的投篮机会。为了达到这个目的，每名防守球员必须注意三大关键点。

视野和声音

作为一名防守球员，用你的余光同时关注你防守的球员和球所在的位置。为了抢篮板，同时看到你防守的球员和篮球让你抢先一步，在进攻球员投篮出手后眼睛就要一直盯着篮球，直到篮球撞击篮圈。在卡位挡人的时候正确使用转向动作，在接下来的小节中我将讨论正确的转向动作。一旦进攻球员投篮出手，每名防守球员也会说“投篮”，这样所有队友都要做好抢篮板的准备。

内线位置

内线位置就是你的对手和篮筐之间的空间。一条黄金法则：防守球员永远占据内线位置，一来阻止进攻球员直接空切篮下得分，二来抢篮板时也会处于优势位置。一旦球投出，保持内线位置就会变得更难，因为进攻球员会对抗以获得篮球。有三种不同的技术可以用来守住内线位置。

撞击－抢板技术

用前臂撞击对手前胸，阻止他们去抢篮板球。一旦撞击发生，对手暂时停住了，马上撤离去抢篮板球。记住手臂要保持弯曲，撞击对手的力量来自下半身而不是手臂，如果张开手肘推对手会被判犯规。

撞击——起跳练习

分解

准　备

- 一名球员参与，使用一个阻挡垫。
- 这是个无球训练。球员在禁区，教练拿着阻挡垫在三分线外。

执　行

1. 教练吹哨。
2. 球员用小碎步向教练冲刺，用前臂撞击教练的前胸。
3. 撞击后球员立即冲往篮下，起跳，假装抢下一个篮板球。
4. 球员重复训练 10 次。

教学点

球员应该用手臂快速撞击对手前胸后，马上去抢篮板球。

卡位技术

抢篮板球挡人，即抢篮板球时站在对手和篮圈之间，用身体挡住防守队员的动作。弯曲手臂，用前摆臂撞击对手前胸，将对手停住，然后转身降低重心，将对手挡在身后。当卡位时，一直高举双手，阻止对手从你头顶上摘下篮板球。当球撞击篮圈后，迅速离开对手去抢篮板球。

挡人练习

分解

准 备

- 一名球员参与，使用一个阻挡垫。
- 这是个无球训练。球员在禁区，教练拿着阻挡垫站在三分线外。

执 行

1. 教练吹哨。
2. 球员用小碎步向教练冲刺，用前臂撞击教练的前胸，然后再前转身或者后转身将教练挡在身后。
3. 球员一直保持将教练挡在身后的动作，直到教练再响哨。
4. 第二声哨响后，球员立即冲往篮下，起跳，假装抢下一个篮板球。
5. 球员重复训练 10 次。

教学点

球员应该强硬地将教练卡在身后，目的就是不让教练进入禁区。

胸部推挤技术

胸部推挤技术是在紧急情况下的动作。当对手突破你的阻挡来到篮下时，你的优势位置不复存在。这种情况下，快速转身面向对手，双手高举过头顶，降低重心，髋关节发力用胸部慢慢将对手往外面推。这个技术可能不会帮你抢到篮板球，但可以在一定程度上阻止对手抢到。

胸部推挤练习

分解

准 备

- 一名球员参与，使用一个阻挡垫。
- 这是个无球训练。球员在篮下内线位置，教练拿着阻挡垫，站在篮筐前面的油漆区。

执 行

1. 教练吹哨。
2. 球员转身面向教练，然后做一个胸部推挤动作。
3. 球员保持胸部推挤动作，将教练往后推，直到教练再响哨。
4. 教练第二次响哨后，训练停止。
5. 球员重复训练 10 次。

教学点

确保球员高举双手，防止对手从头顶摘下篮板球。

抢 球

一旦你用之前讲到的一项技术获得了内线位置，你必须立即毫不犹豫地冲抢篮板球。这就意味着你必须冲刺和高高跳起。一条规则是：当篮球击中篮圈时，立即停止和防守球员的身体对抗去冲抢篮板球。记住，抢到篮板球后要用双手保护住球，将球放到下巴的下方，落地后双脚张开，重心降低，以确保平衡和身体控制。

抢球并将球抓握于下巴处练习

分解

准　备

- 一名球员参与，使用一个篮球。
- 球员持球站在篮圈前，面向篮板。

执　行

1. 球员将篮球扔向篮板。

2. 球员起跳，在最高点双手抓住篮球，在落地时双脚打开，确保对身体的控制和保持身体平衡。球员落地后保护好球，球紧贴身体，在下巴的下方。

3. 球员重复训练 12 次。

4. 在重复第 12 次时，球员拿下篮板球后用双手完成一个强力上篮，训练结束。

教学点

抢篮板球时，确保手肘向外，以获得内线位置和投篮出手的空间。

冲抢篮板球练习

分解

准　备

一名球员参与，使用一个篮球。

球员持球站在篮筐右侧的禁区外。

执　行

1. 球员将篮球扔向篮板，选择适当的角度，篮球撞击篮板后弹向篮圈的另一侧。

2. 球员全速冲向篮球，起跳，在最高点抓下篮板球。

3. 球员必须在球落地之前跳起把篮板球拿下，球员落地时双脚必须落在禁区外，这样才算完成一次训练。

4. 球员随后站在左侧禁区外重复这项训练。

5. 球员在禁区两侧各重复 10 次训练。

教学点

最好的篮板手不是跑向篮球，而是冲向篮球。我告诉球员说："冲向篮球，穿透它！"

防守篮板阅读

我看过撞击 - 抢板技术和卡位技术的一些弱点。为了弥补这些弱点，我在我训练营教授一些组合技术。这些组合技术需要有对篮板球阅读的能力。接下来我将讲讲三种对外围篮板球的阅读和两种对内线篮板球的阅读。对这 5 种防守篮板做出正确的反应可以让你保持内线位置，同时让你在球出手直到球撞击篮圈都能一直看到球。一旦你一直占据内线位置，眼睛一直能看到球，那么你去抢篮板球就更容易了。这个策略与之前讲过的三种防守篮板技术一致。在学习阅读和反应之前，让我们学习一些新的进攻篮板空切和基本中轴脚脚步动作。

前转身卡位

在内线位置，做一个前转身卡位动作：用前臂撞击对手的前胸，然后前转身背对对手，臀部对着对手的大腿，背部靠着对手前胸（见图 6.1）。

图 6.1　前转身卡位

后转身卡位

在内线位置，做一个后转身卡位动作：用前臂撞击对手的前胸，然后后转身背对对手，臀部对着对手的大腿，背部靠着对手前胸（见图 6.2）。

图 6.2　后转身卡位

强侧空切

强侧空切是一种外围空切，目的是抢篮板球。强侧空切是由外侧位置的球员做出的。空切的方向是篮下，也就是朝投篮球员方向。例如，如果篮球是从一名球员的右边投出的，那么这名球员先向右边空切再向篮下空切（见图 6.3）。

弱侧空切

弱侧空切是一种外围空切，目的是抢篮板球。弱侧空切是由外侧位置的球员做出的。空切的方向是篮下，也就是朝投篮球员相反方向。例如，如果篮球是从一名球员的右边投出的，那么这名球员先向左边空切再向篮下空切（见图 6.4）。

图 6.3　强侧空切

图 6.4　弱侧空切

阅读 1：外围冲抢篮板

使用撞击 - 抢板技术，然后阅读对手的反应。如果他没有切向篮下抢板，你就迅速将注意力转移到篮球上（见图 6.5）。少即是多：如果你没有必要转身保住内线位置，那么就不要浪费时间和体力，应把注意力放到抢篮板上。

图 6.5 阅读 1

阅读 2：外线冲抢篮板

使用撞击 - 抢板技术，然后阅读对手的反应（见图 6.6）。如果他从强侧切向篮下抢板，那么你就用一个前转身卡位阻止他。

图 6.6　阅读 2

阅读 3：外线冲抢篮板

使用撞击 - 抢板技术，然后阅读对手的反应（见图 6.7）。如果他从弱侧切向篮下抢板，那么你就用一个后转身卡位阻止他。

图 6.7　阅读 3

三分线处阅读防守练习

分解

准 备

- 两名球员参与，使用一个篮球。
- 球员 1 是进攻一方，站在三分线外。球员 2 是防守一方，站在内线。教练持球站在三分线外。

执 行

1. 教练在三分线外投篮。
2. 当球出手还在上升时，球员 2 冲向球员 1 做一个卡位。
3. 球员 1 向篮下空切，空切的类型是教练在训练开始前就定好的，但球员 2 不知道球员 1 将会做什么类型的空切。
4. 球员 2 随后对空切做出正确的反应，使用适当的卡位技术，然后再冲抢篮板球。

- 如果球员 1 试图从强侧切入禁区抢篮板球，那么球员 2 就做一个前转身卡位，然后再冲抢篮板。
- 如果球员 1 试图从弱侧切入禁区抢篮板球，那么球员 2 就做一个后转身卡位，然后再冲抢篮板。
- 如果球员 1 停住，没有去冲抢篮板球，那么球员 2 就用一个撞击 – 抢板技术，然后再快速冲抢篮板。

5. 球员重复此训练，直到球员 2 连续做出 5 次正确的反应。

教学点

在做出正确的转向守住了内线位置后，球员应该立即去冲抢篮球，在跳起的最高点用双手保护住篮板球。

阅读 4 和 5：内线抢篮板

前三种阅读是从外线抢篮板球，但第四和第五种阅读属于低位阻区和禁区抢篮板球。和之前一样，先用撞击 - 抢板技术，然后再阅读对手的反应（见图 6.8）。如果对手向禁区中间空切，就使用一个前转身卡位。如果对手从底线空切，那么就用一个后转身卡位（见图 6.9）。

图 6.8 阅读 4

图 6.9　阅读 5

低位阅读防守练习

分解

准 备

- 两名球员参与，使用一个篮球。
- 球员 1 是进攻一方；球员 2 是防守一方，站在内线。教练持球站在三分线外。

执 行

1. 教练在三分线外投篮。
2. 当球出手还在上升时，球员 2 冲向球员 1 做一个卡位，球员 1 试图去抢篮板。
3. 如果球员 1 试图从禁区中间切入抢篮板球，那么球员 2 就做一个前转身卡位。
4. 如果球员 1 试图从底线切入抢篮板球，那么球员 2 就做一个后转身卡位。
5. 如果球员 2 做出正确的转身，并且抢到篮板球，那么他得 1 分。
6. 球员重复此训练，直到球员 2 得到 5 分。

教学点

当球员卡位时，确保双手高举过头顶，以防止防守球员拿到篮板球。

进攻篮板动作

正如我之前所说，进攻篮板球可以让你的球队拥有更多持球的机会，更多的持球意味着更多的得分机会，更多的得分意味着更多的胜利。对防守球队来说，没有什么比努力防守迫使对方投篮不中但篮板球被对手抢下更令人沮丧的了。作为一个进攻篮板手，你的最初目标就是在球被投出前观察球的位置和球场上的形势。这种视野会让你在抢篮板球时领先一步，因为球在空中飞行的时候你就动起来了，而不是等到球砸中篮圈。球出手后还在上升中，抢进攻篮板球的球员就应该避免与对手身体对抗，直接向篮球所在的方向切入，起跳，在最高点拿下篮板球，将球放到下巴的下方，保护住球，落地时双脚张开，保持身体平衡。如果与防守球员发生身体接触，立即试图摆脱防守，与防守球员分离。卡位可以，但不要长时间卡位。下面让我们学习几种进攻篮板技术，学习如何不被对手卡住，从而摆脱防守。

假动作－抢板

当切入内线以重新获得内线位置抢篮板时，先做一个假动作，特别是当防守球员试图用后转身卡位挡住你时。在球被投出前，观察篮球的位置和场上形势。在投手将球投出后，立即向球飞行的方向移动，然后直接冲向你的对手。从那里，你可以选择假装从对手右边切入而后却实则从对手左边切入；你也可以选择假装从对手左边切入，实则从对手右边切入。一旦做完假动作，立即冲向篮球，伸出双手，高高跃起，在最高点将球拿下，把球放到下巴下方以更好地实施对球的保护，落地时双脚张开，保持身体平衡。

假动作——起跳练习

分解

准 备

- 两名球员参与，使用一个篮球。
- 球员 1 是进攻一方，站在三分线外。球员 2 是防守一方，站在内线油漆区。教练持球。

执 行

1. 教练投篮。
2. 当球出手还在上升时，球员 2 冲向球员 1 做一个卡位。球员 1 做一个假动作，然后再切入抢篮板球。
3. 球员交换位置重复训练，直到每名球员重复该练习 10 次。

教学点

防守球员并不是真正在防守，而是训练的工具。防守球员应该对进攻球员的动作做出反应，假装被假动作骗到。

后转身摆脱

当切入内线以重新获得内线位置抢篮板时，就可以使用后转身摆脱动作（也叫作洗衣机）。当防守球员用身体接触来阻挡进攻球员切入时，后转身摆脱动作最为实用。使用后转身摆脱动作时，需在球被投出前，先观察球在场上的位置和场上的形势。当球出手还在飞行时就开始启动，然后直接冲向防守球员。当与防守球员身体接触时，绕着防守球员后转身 360 度。例如，如果防守球员用前臂撞击你的右肩，那么你就向左边转身。转身后，立即冲向篮球，伸出双手，高高跃起，在最高点将球拿下，把球放到下巴下方保护住球，落地时双脚张开，保持身体平衡。

转身动作练习

分解

准 备

- 两名球员参与，使用一个篮球。
- 球员 1 是进攻一方，站在三分线外。球员 2 是防守一方，站在内线。教练持球。

执 行

1. 教练投篮。
2. 当球出手还在上升时，球员 2 冲向球员 1 做一个卡位。球员 1 做一个转身动作，然后再切入抢篮板球。
3. 球员交换位置重复训练，直到每名球员重复该练习 10 次。

教学点

防守球员并不是真正在防守，而是训练的工具。防守球员应该对进攻球员的动作做出反应，假装被转身动作骗到。

直　切

当切入内线以重新获得内线位置抢篮板时，就可以使用直切动作。当防守球员用前转身卡位阻挡进攻球员切入时，或者没有防守球员在进攻球员和篮筐之间时，直接切入最为实用。使用直接切入动作时，需在球被投出前，先观察球在场上的位置和场上的形势。当球出手还在飞行时就开始启动，找准空当立即直接冲向篮球，伸出双手，高高跃起，在最高点将球拿下，把球放到下巴下方保护住球，落地时双脚张开，保持身体平衡。

直切练习

分解

准　备

- 两名球员参与，使用一个篮球。
- 球员 1 是进攻一方，站在三分线外。球员 2 是防守一方，站在内线油漆区。教练持球。

执　行

1. 教练投篮。
2. 当球出手还在上升时，球员 2 冲向球员 1 做一个卡位。球员 1 直线切入抢篮板球。
3. 球员交换位置重复训练，直到每名球员重复该练习 10 次。

教学点

防守球员并不是真正在防守，而是训练的工具。防守球员应该对进攻球员的动作做出反应，假装被骗到。

精 练

现在你学习了抢篮板的基本技术，是时候开始精细化训练了，这也将从一对一的训练中检验你的技术。真正的训练现在开始了！

争抢三分投篮板练习

精练

准 备

- 三名球员参与，使用一个篮球。
- 球员都在禁区，教练持球站在三分线外。

执 行

1. 教练在三分线外投篮。

2. 所有三名球员都去抢篮板并投篮得分。

3. 这是一对一的训练，球员之间是竞争关系，相互之间没有队友。

4. 球员之间相互竞争，直到有一名球员得分。每命中一个投篮得 1 分。

5. 不存在犯规，球员可以抢、推和身体对抗，但是应该在合理范围之内，不能有造成球员受伤的意愿。

6. 当一名球员得到 4 分时训练结束。

教学点

这是一项极具竞争性的训练，需要强悍的身体对抗和勇气。教练应确保对训练的监管和控制。

防守篮板球争抢练习

精练

准　备

- 十二名球员参与，使用一个篮球。
- 五名防守球员在禁区内，七名进攻球员在三分线外。其中进攻球员 6 和进攻球员 7 分别在场外两侧的罚球线延长线上。

执　行

1. 教练将球传给进攻一方，防守一方开始一对一盯人防守（见图 6.10）。
2. 进攻一方的球员立即投篮。
3. 当投篮出手后，防守一方的球员试图用卡位守住内线位置。所有七名进攻球员都去冲抢篮板球。
4. 如果是防守一方获得篮板球，他们为球队得 1 分。
5. 球员重复训练，直到防守球队得到 5 分。

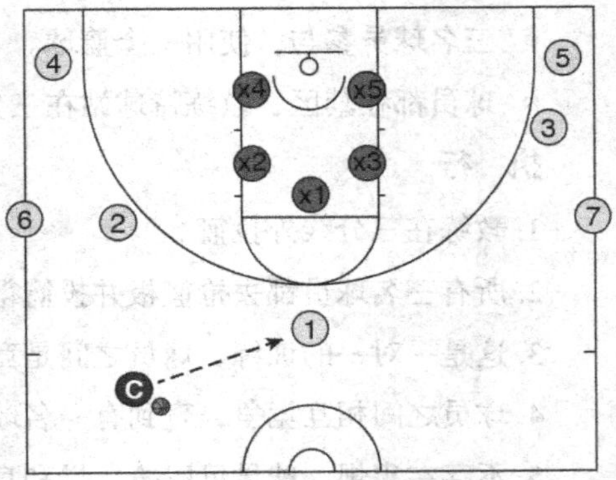

图 6.10　防守篮板球争抢练习

教学点

在这项训练中，防守一方处于极大的劣势，因为他们要挡住 7 名进攻球员抢下篮板球。先掌握五对五比赛中抢篮板的技术，再尝试这项训练。

篮板球争抢强对抗练习

精练

准　备

- 六名球员参与，使用一个篮球。
- 三名进攻球员站在底线，面向球场；三名防守球员站在球场另一端的罚球线上，背对进攻球员。

执　行

1. 教练吹响哨声。

2. 三名进攻球员冲向三名防守球员。

3. 当三名进攻球员到达半场时，教练第二次吹哨并投篮。

4. 当防守球员听见第二声哨声时，他们就可以转身面对冲过来的进攻球员（见图 6.11）。

5. 防守球员试图保住内线位置，在进攻球员冲抢篮板球的同时，守住篮板球。

6. 获得篮板球的球队得 1 分。然后交换位置，进攻的球队换到防守一方。

7. 球员重复训练，直到一队获得 7 分。

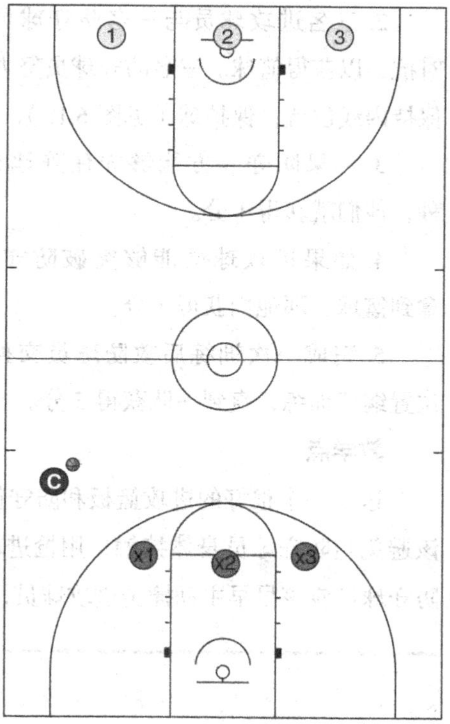

图 6.11　篮板球争抢强对抗练习

教学点

沟通很关键。防守球员应该提前沟通好，选好自己卡位的进攻球员。

保护禁区练习

精练

准 备

- 六名球员参与，使用一个篮球。
- 三名防守球员在禁区外，三名进攻球员在三分线外。篮球放在禁区中央。

执 行

1. 教练吹响哨声。

2. 三名进攻球员与三名防守球员对抗，以获得篮球。三名防守球员努力保持内线位置，保护球（见图 6.12）。

3. 如果防守一方能够守住阵地 5 秒，他们就获得 1 分。

4. 如果进攻球员能够突破防守，拿到篮球，那他们获得 1 分。

5. 完成一次训练后攻防球员交换位置继续训练，直到一队获得 5 分。

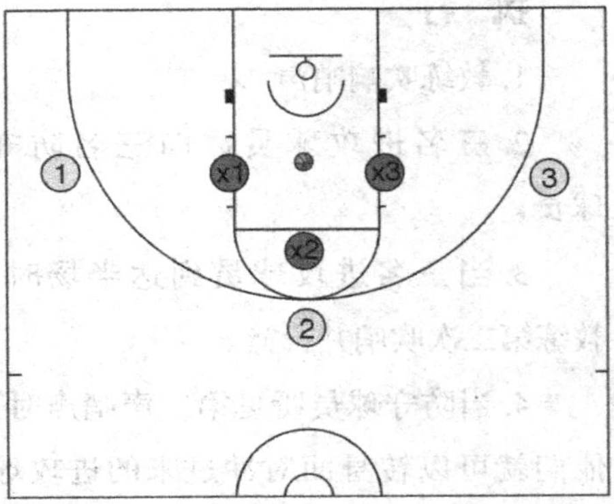

图 6.12 保护禁区练习

教学点

这是一个很好的进攻篮板和防守篮板训练。进攻篮板的要点是：进攻球员应该避免与防守球员身体接触，用抢进攻篮板动作摆脱防守。防守篮板的要点是：防守球员应该尽早主动撞击进攻球员，而不是等进攻球员绕过他们。

无停歇抢篮板 5 对 5 练习

精练

准 备

- 十名球员参与，使用一个篮球。
- 五名球员进攻，五名球员防守。

执 行

1. 球员 5 对 5 全场比赛，使用正常的得分规则，但有一个例外。

2. 当一支球队得分，他们不会自动成为防守一方，而是哪支球队先抢到篮板球哪支球队进攻。

3. 如果进攻球队抢到篮板球，那么他们可以立即再次进攻得分。如果防守球队抢到篮板球，那么他们需要到另一侧的篮筐投球得分。

4. 比赛进行 10 分钟，得分多的球队获胜。

教学点

这项训练很好地帮助球员养成一个好习惯：认为每一个投篮都投不进，时刻做好抢篮板的准备。

多人相互对抗抢篮板练习

精练

准 备

- 五名球员参与，使用一个篮球。
- 球员都站在禁区，教练持球站在三分线外。

执 行

1. 教练在三分线外投篮。
2. 所有五名球员相互对抗，抢下篮板球。
3. 当一名球员抢到篮板球，他获得 1 分。训练重新开始，教练再投篮。
4. 当一名球员获得 5 分，训练结束。

教学点

卡位可以，但不要长时间保持卡位动作。积极性和韧性在这项训练中很重要。

挡人对抗练习

精练

准　备

- 两名球员参与。
- 球员背对背站在中场圈内。

执　行

1. 当教练喊开始，球员试图用大腿的力量将对手推出圈外（见图 6.13a）。
2. 当一名球员被推到圈外，训练停止（见图 6.13b）。

教学点

重心更低的球员在这项训练中更有优势。球员确保进入一个低重心姿态，双脚张开，以保持平衡和对身体的控制。

图 6.13　卡位训练

前 NBA 球员丹尼斯·罗德曼（Dennis Rodman）生涯场均得分只有 7 分。如果你不了解丹尼斯，或许认为他是一名平庸的 NBA 球员。虽不是一名出色的得分手，但丹尼斯获得了五次 NBA 总冠军，并且进入了名人堂。不可思议？丹尼斯可能是 NBA 历史上最伟大的篮板手。他总是第一个冲向篮板球，因为在他看来每次投篮都不会命中。他喜欢身体接触和对抗，他愿意与比他更高大更强壮的对手对抗。他一次次飞身抢篮板和救球。丹尼斯具有一名有统治力的篮板手的所有优点，他以抢篮板而自豪。对于一支成功的球队来说，所有在场的 5 名球员都应该和丹尼斯一样，他们必须以抢篮板为己任。该如何培养球员的这种意识呢？教练们应该在每次日常训练中强调这一点，直到球员把抢篮板球当成一种自然的习惯。教练可以使用本章中所讲的基础知识和训练方法，给球队一个完美的开始。

第 7 章

个人防守

我的高中球员时光充满了快乐。我师从优秀的篮球教练布莱恩·卡佩尔，他不仅是我的教练，更是我的人生导师。卡佩尔教练的一个特点是，他喜欢防守。事实上，在每次训练中，他会把大部分的时间安排在个人和球队防守上。因此，我们成为了一支非常出色的防守球队。时至今日，他依然是我生命中所遇到的最出色的防守教练，我写这一章不得不提到他。记得有一次训练，他把我叫过去，跟我分享他的想法。他说："瑞恩，我经常看见球员展示他们出色的投篮和控球技巧，你知道吗？我没见过哪名球员真正地在回家后加练防守。"教练说完笑着走开了。当时只有 15 岁的我为了让教练高兴，愿意做任何事情，我记得我当即接受了那个挑战，我要做教练看到的第一个课后加练防守的球员，无论别人认为我多古怪。卡佩尔教练不仅是一名出色的战术和技术教练，他还知道说什么能让我和我的队友们相信在场上做好防守是有价值的。要成为一名出色的防守教练，必须像卡佩尔教练那样每天向你的球员推销防守。我们教练的工作之一就是教会球员防守，并让他们爱上防守。对防守充满动力、创造力以及最为重要的激情。我从我教练的这个例子中学到了所有这些。

防守需要随机应变能力、扎实的基础和巨大的努力。在这一章中，我将介绍人盯人防守的基本知识，以及如何防守外线和内线球员。

积极性

让我们从积极性开始。如果你体内没有一个高性能的发动机，你就无法成为一名出色的防守球员。你的积极性就是你的发动机。作为一名教练，我告诉球员在防守时犹如他们体内有一个法拉利或兰博基尼发动机一样！我见过所有类型的球员，他们中有很多人身高、运动能力和技术都很出众，他们看起来就像是为速度、耐力和表演而生的。但外表往往具有欺骗性。如果我打开这些高性能球员的引擎盖，那里面或许只是除草机或者高尔夫车的发动机。简单来说，你可以是运动能力最出色的球员，但是如果没有一个大排量的发动机，不能持续用最大的努力和侵略性防守，你就无法成为一名出色的防守球员。积极性是成功防守的源头。除了用最大的努力防守，训练好身体也同等重要。我经常跟我的球员说，最好的球员往往都具有最好的身体形态。为了能像一个出色防守球员那样进行高强度的防守，你必须让身体做好准备，让身体处于最好的条件。你必须能够比对手更努力，努力的时间更长。你或许不能掌控自己长多高和跑多块，但是你可以在每次上场时保持最好的身体形态。

个人防守训练

对持球球员的防守（无论他在内线还是外线），第一条准则是，总是让自己处于对手和篮筐之间。这样可以防止对手轻易投篮、将球传到篮下或上篮，这些我们在第 6 章都学过了。处于对手和篮筐之间也会帮助你获得内线位置，有利于抢篮板球。

补防外线投篮

所谓补防外线投篮，就是外线球员准备接应传球，而球还在空中飞行时，立即冲向对手，并在最后时刻减速用小碎步接近对手（见图 7.1a）。同时，进入运动姿态，高举一只手，准备封盖和干扰对手潜在的投篮（见图 7.1b）。补防外线投篮时请记住：冲向对手时，你和对手间距的三分之二距离用冲刺，剩下三分之一的距离用小碎步，逐渐靠近对手。这让你在到达对手身旁时能够保持平衡，做好防守对手投篮的准备。

图 7.1　补防外线投篮

冲向罚球线补防练习

分解

准 备

- 一名球员参与。
- 球员从站在篮下底线开始训练。

执 行

1. 球员冲刺再换小碎步到罚球线，伸出右脚和右手做出补防外线球员投篮动作。

2. 球员随后迅速转身，冲向底线，左脚和左手向前。

3. 球员训练 30 秒，然后再重复两次。

教学点

记住告诉球员，先冲刺再换小碎步！当冲向对手时，你与对方球员球员间距的三分之二距离用冲刺，剩下三分之一用小碎步逐渐接近对手，直到完全停下来。

姿 势

一旦对手在外线拿到球，你就进入一个低重心运动姿态，重心稍稍前倾（见图 7.2）。你的鼻子与对手的前胸成一条直线，眼睛一直看着对手的躯干。这样你就可以将对手一直保持在你的身前。持球球员可以用眼神、脚步和篮球做假动作，但他的躯干不可以，他的躯干到哪他们就要到哪。保持一个小的缓冲区也可以让你迅速跟上对手。当持球对手处于一个三威胁姿势或者正在运球时，总是试图和他保持一臂的距离。如果对手停止运球（这叫死球），迅速贴上去，对持球球员施加压力，因为这时他们不能再运球了。

动起来

一位伟大的教练说过："处于运动状态的防守球员永远做好了做下一个动作的准备。"记住手和脚都要动起来。快速迈着小碎步，随时准备着跟随对手而动，并用双手罩住球，无论球去向哪里。

图 7.2　单个球员防守姿势

例如，如果对手把球高举，你也高举双手罩住球，如果对手把球放低，你也放低双手罩住球。罩住球能帮助你干扰和抢断对手传球，也给对手造成一种紧迫感，让对手感到不舒服（见图 7.3a 和图 7.3b）。

图 7.3　罩住球

防守者积极干扰练习

分解

准　备

- 一名球员参与。
- 球员进入低重心运动姿态。

执　行

1. 教练吹响哨声。
2. 球员留在原地，让手脚活动 30 秒。
3. 球员快速在原地跺脚，手臂从臀部到头部来回摆动。
4. 球员训练 30 秒，然后再重复两套动作。

教学点

球员在训练中应该始终保持低重心运动姿态。当他们疲劳后，就会出现无法保持低重心运动姿态的趋势。

干扰罩球练习

分解

准　备

- 两名球员参与，使用一个篮球。
- 球员 1 持球进入三威胁姿势，球员 2 近身防守。

执 行

1. 球员 1 双手持球，迅速随机将球从高到低或从低到高挥动。
2. 球员 2 进入防守姿势，试图用一只手罩住球，无论球往哪个方向。
3. 球员训练 30 秒，然后再重复两套动作。

教学点

防守球员用靠近对手的手（不是后面的那只手）罩住球。如果进攻球员一只脚移动改变方向，防守球员应该迅速移动守住内线位置，并换另一只手罩住球。

脚步和变向

利用脚步迅速果断变向的能力对于成为一名出色的防守球员来说至关重要。进攻球员最怕的就是防守球员出色的脚步。出色的防守球员在防守持球对手时，总是能够处于对手和篮筐之间，即使进攻球员在不断移动和变向。掌握这种技术的球员一般叫做防守大闸。当对手运球进攻时，用侧移技术跟上对手，始终处于对手和篮筐之间。使用侧移技术，先进入低重心姿态，双脚张开。外侧脚先侧步，随后另外一只脚跟上。例如，如果你想去右侧，那么右脚先侧步，左脚再侧步跟上，之后重复这样的动作。注意，你的侧步脚不要越过身体的中轴线（见图 7.4）。

图 7.4　侧移技术

每次双脚并拢时，你的姿态变窄，这样就可能会失去平衡。为了保证身体平衡，在侧移时用小碎步。用小碎步会让运球的对手失去平衡，而大长步会让你自己失去平衡。如果对手运球变向，你就使用中轴脚变向技术，快速变向，并保住内线位置，处于对手和篮筐之间。例如，如果你想转向右边，则右脚往后一步，用左脚变向。如果你想转向左边，则左脚往后一步，用右脚变向（见图 7.5）。

图 7.5　中轴脚变向

禁区侧移练习

分解

准　备

- 一名球员参与。
- 球员站在禁区内，面向篮筐，一只脚踩在禁区线上。

执　行

1. 球员进入低重心运动姿态，然后从禁区一侧侧移到另一侧。
2. 球员训练 30 秒，然后再重复该训练两次。

教学点

球员的双脚永远不可以交叉，球员侧移穿过禁区时，确保侧步永远不要越过身体中轴线。

变向练习

分解

准 备

- 一名球员参与。
- 球员在底角（底线与边线交接处）。

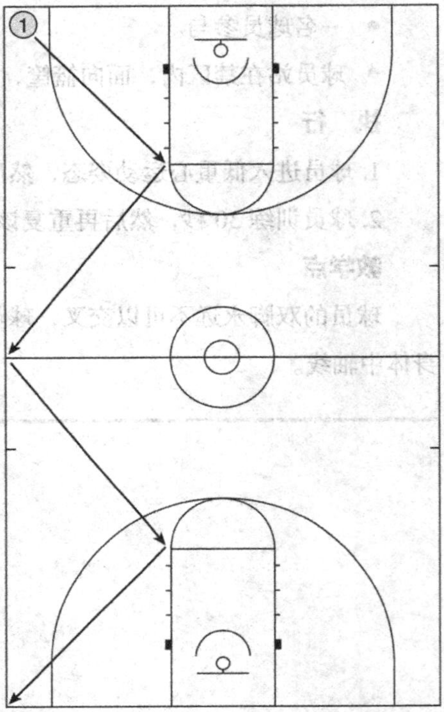

图 7.6 变向练习

执 行

1. 球员面向底线，然后向肘区侧移。

2. 到达肘区后，球员用中轴脚变向，然后向中场角落侧移。

3. 到达中场角落后，球员再用中轴脚变向，向对方肘区侧移。

4. 到达肘区后，球员用中轴脚变向，向另外一侧底角侧移，训练结束（见图 7.6）。

5. 球员重复训练三次。

教学点

当球员用中轴脚变向时，提醒球员降低重心，以保持平衡。

整体防守练习

分解

准　备

- 最多六名球员参与，使用一个篮球。
- 球员站在教练前面，离教练 10 到 15 英尺（3 到 4.6 米）。如果多名球员参加训练，那么球员之间必须至少保持一臂的距离（见图 7.7）。

执　行

教练主导训练，发布指令，球员必须迅速照做。

1. 教练指向地面。球员倒地抢地板球，并大喊："我的球！"

2. 教练指向右边，球员迅速向右边侧移。

3. 教练指向左边，球员迅速向左边侧移。

4. 教练指向一名球员，该球员迅速用中轴脚变向，朝教练相反的方向侧移。

5. 教练投篮。球员大喊"投篮"，迅速防守投篮并卡位。

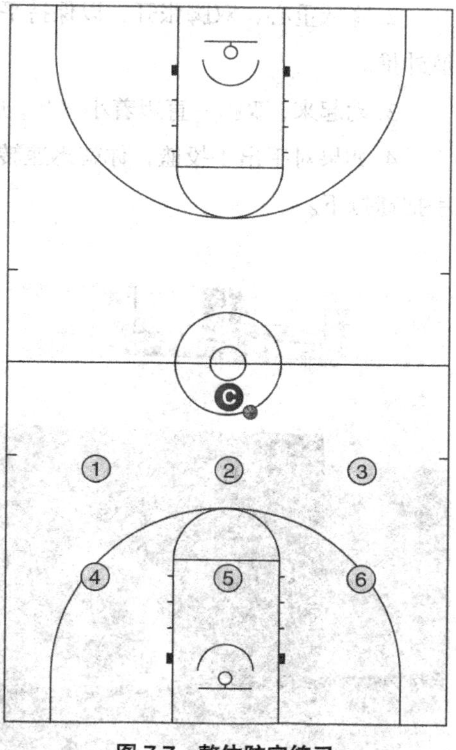

图 7.7　整体防守练习

教学点

这是一个很好的日常训练，因为球员要用到许多对持球球员防守技巧。

内线防守

防守内线持球球员是一项艰巨的任务。任何防守球员都应该阻止对手通过传球、突破和抢进攻篮板等方式在内线持球。可是如果你防守的球员在内线拿到了球，记住使用以下策略：

1. 保住内线位置，迫使对手在你头上进行高难度投篮。将你的鼻子与对手的脊椎保持在一条直线上，双手一直高举，防守对手投篮（见图 7.8）。这种人墙式的防守姿势会降低对手的投篮命中率，很多情况下，对手会选择将球传出去。

2. 降低重心，双脚张开，以保持平衡，臀部发力一点点影响对手，把对手往篮外推。

3. 动起来，双脚一直迈着小碎步，这样你就能针对对手的动作迅速做出回应。

4. 如果对手出手投篮，你就迅速转身卡位，高举双手，起跳，在最高点用双手把球抢下。

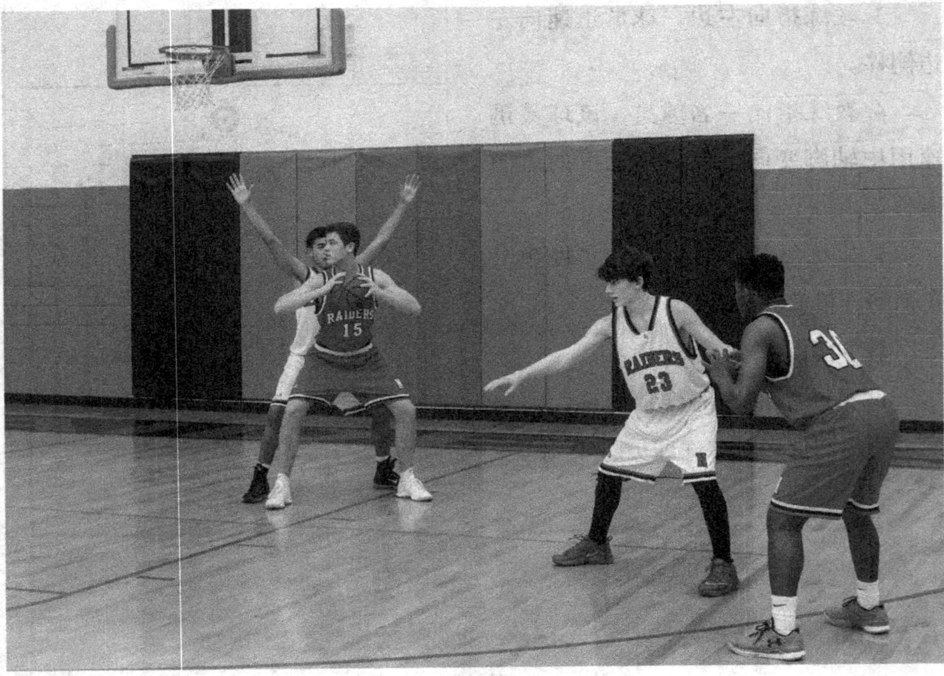

图 7.8　对内线持球球员防守

阻 传

当防守一个离持球球员较近的进攻球员时，就进入一个阻传姿势。阻传姿势可以防止球传到你所防守球员手中，同时保持内线位置。进入阻传姿态后，你应该时时刻刻都能同时关注你防守的球员和篮球所处的位置。让自己面向对手，后背对着篮球。进入这种姿势后，转头，以便可以同时看到持球对手和篮球。伸出一只手阻挡传球路线，手掌朝向持球球员（见图 7.9）。这样可以阻止持球球员向你防守的球员传球，如果他传球了，你可以干扰和抢断传球。

当用阻传姿势防守在内线的球员时，使用所学的这些教学点，并记住用身体占据地板中间。例如，如果对手在低位阻区，你就在阻区上方做阻传姿势，迫使他走底线，因为在底线传球和投篮的选择都非常有限。为了阻止对手向内线传球，使用我所说的“雨刮”动作：大力挥舞手臂阻挡传球路线或窗口（见图 7.10）。

图 7.9 外线阻传

图 7.10 内线阻传

三分线防守练习

分解

准 备

- 两名球员参与，使用一个篮球。
- 球员 1 在低位阻区开始进攻，球员 2 防守，站在球员 1 和教练之间。教练站在钥匙区顶端的三分线外。

执 行

1. 球员 1 试图在侧翼获得空间，但是必须在篮圈一侧，不能到另一侧。

2. 球员 2 防守，试图阻止教练向球员 1 传球。

3. 如果教练完成向球员 1 传球，球员 1 再迅速把球传回给教练，训练继续。如果球员 2 抢断传球，球员 2 再迅速把球传回给教练，训练继续。

4. 球员训练 30 秒，然后再进行此训练两次。

教学点

防守球员应该用余光同时看到篮球和进攻球员。

低位防守练习

分解

准　备

- 四名球员参与，使用一个篮球。
- 侧翼三分线外各一名球员，剩下两名球员站在低位阻区，一名负责进攻，另外一名进行防守。
- 在低位阻区的一名球员面向侧翼，开始进攻，防守球员进入四分之三阻传姿势，伸手阻挡传球路线。

执　行

1. 进攻球员寻求获得空间，防守球员尝试阻挡传球，训练 30 秒（见图 7.11）。

2. 如果进攻球员没有获得空间，侧翼上的传球手将球传给另一个侧翼上的球员。进攻球员跟着球到另外一侧阻区。

3. 如果球成功传到阻区上的进攻球员，防守球员迅速占据内线位置。一旦防守球员获得内线位置，进攻球员再将球传给侧翼球员，训练继续。

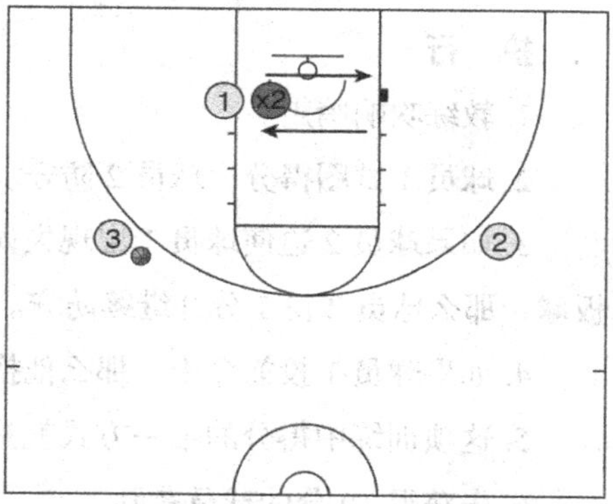

图 7.11　低位防守练习

4. 如果防守球员干扰或者抢断传球，防守球员立即将球传回给侧翼球员，训练继续。

5. 球员重复训练 30 秒，然后再进行此训练两次。

教学点

当进入四分之三阻传姿势后，防守球员应摆动外侧手，像雨刮器一样，阻止传球。

精　练

你现在已经学习了个人防守的基本功，可以进入精练阶段了，你的技术将在一对一训练中得到考验，真正的训练开始了！

1 对 1 三分线防守练习

精练

准　备

- 两名球员参与，使用一个篮球。
- 球员站在钥匙区顶端，球员 1 进攻，球员 2 防守。

执　行

1. 教练吹响哨声。
2. 球员 1 试图得分，球员 2 防守。
3. 如果球员 2 迫使球员 1 出现失误，或者让球员 1 投篮不中，球员 2 抢下篮板球，那么球员 2 得 1 分并继续防守。
4. 如果球员 1 投篮命中，那么他换到防守位置，但是不得分。
5. 这项训练中得分的唯一方式就是成功防守。
6. 先获得 10 分的球员获胜。

教学点

这项训练能很好地培养球员在防守上的激情，因为只有成功防守才能得分。

阻断向三分线处传球练习

精练

准　备

- 两名球员参与，使用一个篮球。
- 球员 1 在低位阻区进攻，球员 2 防守，球员 2 在球员 1 与教练之间。教练持球站在钥匙区顶端的三分线外。

执　行

1. 球员 1 试图在侧翼获得空间，但必须一直在篮圈的一侧，不能到另一侧。

2. 球员 2 防守，阻止教练向球员 1 传球（见图 7.12）。

3. 球员 1 进攻 30 秒，累计得分。

4. 30 秒后，球员交换攻防位置。

5. 球员继续训练，直到一名球员获得 20 分。

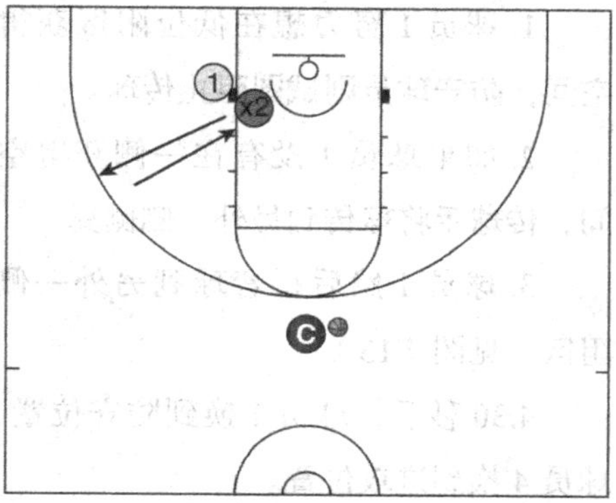

图 7.12　阻断向三分线处传球练习

防守得分

干扰：防守球员每次干扰传球得 1 分，每次干扰传球后，球再迅速传给教练，训练继续。

抢断：防守球员每次抢断传球得 1 分，每次抢断传球后，球再迅速传给教练，训练继续。

进攻得分

完成传球：教练每次成功向进攻球员传球，进攻球员得 1 分。每次成功传球后，球再迅速传回给教练，训练继续。

教学点

防守球员应该试图采用阻传姿势阻止进攻球员移动，以处于对手和篮筐之间。如果没能保住内线位置，对手就能获得空切和轻易得分的机会。

阻断向低位传球练习

精练

准　备

- 四名球员参与、使用一个篮球。
- 球员 2 和球员 3 是传球手（在两翼的三分线外）；球员 1 进攻，球员 4 防守（两名球员都在低位阻区）。

执　行

1. 球员 1 努力想在低位阻区获得空间，防守球员则试图阻止传球。

2. 如果球员 1 没有在一侧获得空间，传球手将球传到另外一侧侧翼。

3. 球员 1 然后跟着球到另外一侧阻区（见图 7.13）。

4. 30 秒后，球员 1 换到防守位置，球员 4 换到进攻位置。

5. 球员重复该训练，直到一名球员得到 20 分。

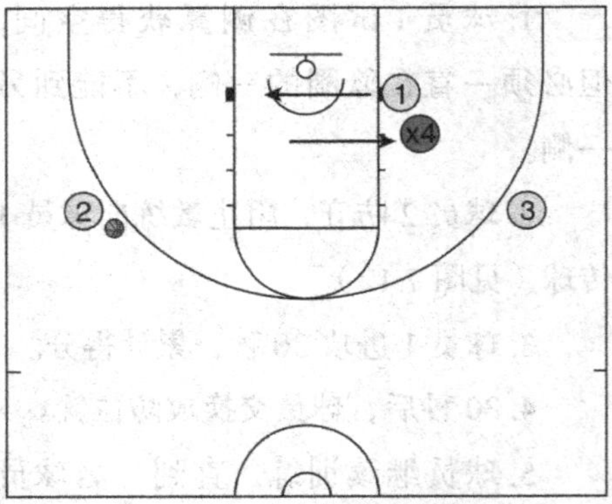

图 7.13　阻断向低位传球练习

防守得分

干扰：防守球员每次干扰传球得 1 分，每次干扰传球后，球再迅速传给侧翼球员，训练继续。

抢断：防守球员每次抢断传球得 1 分，每次抢断传球后，球再迅速传给侧翼球员，训练继续。

进攻得分

完成传球：侧翼球员每次成功向进攻球员传球，进攻球员得 1 分。每次成功传球后，球再迅速回给侧翼球员，训练继续。

教学点

积极性和应变能力在这项训练中至关重要，对成为一名出色的防守球员来说也一样重要。更积极和身体形态保持得更好的球员通常都能够脱颖而出。传授技术时，记得一定要强调积极性。

侧移抓握网球练习

精练

准　备

- 两名球员参与，使用一个网球。
- 球员面对面，相互之间相距（1.8 米）；球员 2 手里拿着网球。两名球员都进入低重心运动姿态，双脚动起来。

执　行

1. 球员 2 将网球扔向球员 1 的左边或右边。
2. 球员 1 迅速向网球侧移，并在球第一次落地反弹后将其抓住。
3. 如果球员 1 成功在网球第一次落地反弹后将它抓住，那么他获得 1 分。
4. 训练继续，球员 1 将网球扔向球员 2 的左边或右边。
5. 球员 2 迅速向网球侧移，在球第一次落地反弹后将其抓住。
6. 如果球员 2 成功在网球第一次落地反弹后将它抓住，那么他获得 1 分。
7. 球员继续训练，直到一名球员获得 10 分。

教学点

当向网球侧移时，球员应该用小碎步（而不是大长步），这样能够保持平衡和对身体的控制。

禁区侧移抓握网球练习

精练

准　备

- 一名球员参与，使用一个网球。
- 球员站在禁区一侧，外侧手拿着网球，高度与肩膀同高。

执　行

1. 球员从肩膀高度丢下网球（让网球自由落体垂直下落），落点在禁区外。
2. 球员随后向禁区另一侧侧移，并在网球停止弹跳前回来抓住网球。
3. 如果球员成功做到，那么他得到 1 分，再重复训练。
4. 为了挑战难度，球员必须连续 7 次成功抓住网球。

教学点

这个训练是关于手脚速度的。球员必须先专注在脚上，脚的速度跟上了才有机会用手。在比赛中也是这样，只有脚步足够快，手才有机会抢断和干扰传球。脚第一，手第二。

记分牌

大学青年队水平：连续成功 1 到 2 次。

大学校队水平：连续成功 3 到 4 次。

职业联赛水平：连续成功 5 到 6 次。

全明星水平：连续成功 7 次或更多。

低位1对1防守练习

精练

准 备

- 两名球员参与，使用一个篮球和一把椅子。
- 球员站在篮下底线，椅子放在禁区中间，篮球放在椅子上。

执 行

1. 教练吹响哨声。
2. 两名球员同时冲向椅子抢球。
3. 先抢到篮球的球员进攻，另外一名球员防守。
4. 一旦投篮命中或者成功防守，训练重新开始。
5. 每次投篮命中得1分。先获得5分的球员获胜。

教学点

防守球员应该试图获得内线位置，高举双手，臀部发力将对手往篮外推。

2005年，雷蒙德·费尔顿（Raymond Felton）在北卡罗莱纳大学焦油踵队获得全美冠军后，这名控球后卫把目光瞄准了NBA选秀。他后来被夏洛特山猫队选中，在那里开启了他的NBA生涯。选秀前的几周，雷蒙德参观了NBA顶尖100训练营（NBA Top 100 Camp）。这个一年一度的训练营是为全美最好的高中生举办的，他们有机会在将来进入大学队或NBA。经常有现役或者退役NBA球员来到训练营，与这些希望之星分享他们的知识与经验。有一天，雷蒙德来到训练营观察这些天才高中生。在球场上，全美的一些顶尖后卫正在进行一对一训练。雷蒙德看到他们展示着超凡的进攻技巧和华丽的动作，这些球员一次又一次得分，但这并没有让雷蒙德印象深刻。事实上，他对训练中缺乏防守对抗而感到不满，他决定给这些球员上一课。雷蒙德来到场上，叫停了训练，他告诉球员们，他对训练中缺少竞争性和防守强度而感到失望。然后他宣称他们之中没有一个人可以在他面前得分，他要让这些球员见识见识冠军级别的防守。随后球员们轮流与雷蒙德比赛，试图在他头上得分。雷蒙德防住了所有球员的进攻，甚至只有少数球员能够完成出手。

雷蒙德的做法虽然有点夸张，但他给这些球员传递了一个清晰的信息。向雷蒙德学习，以在场上防守而感到骄傲，并富有激情。

第8章

上场打球

2004年，底特律活塞队战胜天赋异禀的洛杉矶湖人队赢得了NBA总冠军。湖人队中有超级巨星科比（Kobe Bryant）和奥尼尔（Shaquille O’Neal），在阵容层面上，湖人队是一支更有天赋的球队。活塞队是怎么赢得总冠军的呢？活塞队在进攻和防守上打得更像一个整体，能明确执行战术，这种情况下，天赋差距就没那么重要了。五名打球更努力、更聪明和更团结的球员确实能够击败一支更具天赋的球队。本书前7章详细介绍了篮球的基本知识。我几乎讲到了篮球运动的方方面面。你学习了如何投篮、传球、防守、运球、抢篮板球、无球跑动，以及设立和使用掩护。现在应该将你所学知识运用到比赛中了。在一场比赛中，一支球队有五名球员同时在球场上。教练会根据球员的身高、位置和技术特点选择五名球员上场。为了便于理解，本章中每个位置的球员都有个具体的编号。

1. 控球后卫
2. 得分后卫
3. 小前锋
4. 大前锋
5. 中锋

有时候我看见一些非常有天赋的球员在训练中表现得非常不错，但他们不理解如何在一场有组织的比赛中打好球。他们知道怎么投篮、传球和运球，但他们不知道什么时候打一个战术或者为快攻创造必要的空间，他们不知道人盯人防守时如何防守弱侧。为了能够帮助球队，你必须掌握打球的技术，以及如何在比赛中运用这些技术。本章将介绍战术和团队进攻及防守。

成套战术

成套战术是很多球队重要的进攻武器之一。战术在很多情况下有用。战术就是五名进攻球员的动作组合，包括球员之间精准的切入和掩护。战术能够帮助球队找到接界外球的球员，或者帮助在内线的球员获得空位投篮的机会。战术在比赛的最后时刻可以帮助球队把球交到队中最好的球员手中。教练应该针对不同的防守和战局准备不同的战术。接下来，我将讲讲许多针对区域人盯人防守的有用战术，以及发边线球和底线球战术。

边线界外球战术

针对人盯人防守发界外球战术

准 备

- 五名球员参与，使用一个篮球。
- 球员 1 站在边线发球，球员 2 和球员 3 占据两个低位阻区，球员 4 和球员 5 在两个肘区。

执 行

1. 球员 5 为球员 3 做掩护。球员 4 为球员 2 做掩护，后者向钥匙区顶端空切。球员 1 完成向球员 3 传球（见图 8.1a）。

2. 一旦球员 3 接到球，球员 2 和球员 4 撤到弱侧的三分线外，双脚张开，面向篮筐。

3. 球员 5 立即给球员 1 做背掩护，后者向篮圈空切。

4. 球员 3 寻求给球员 1 传球的机会，后者接球后可以直接完成上篮（见图 8.1b）。

5. 如果球员 1 没有上篮的空间，他可以选择将球传给跟进的球员 5，后者阅读防守，选择上篮。

教学点

确保球员 5 迅速跑位给球员 1 做背掩护，球员 1 在利用掩护时先做假动作，然后再直接向篮下空切。这些小细节会对战术的成功与否产生影响。

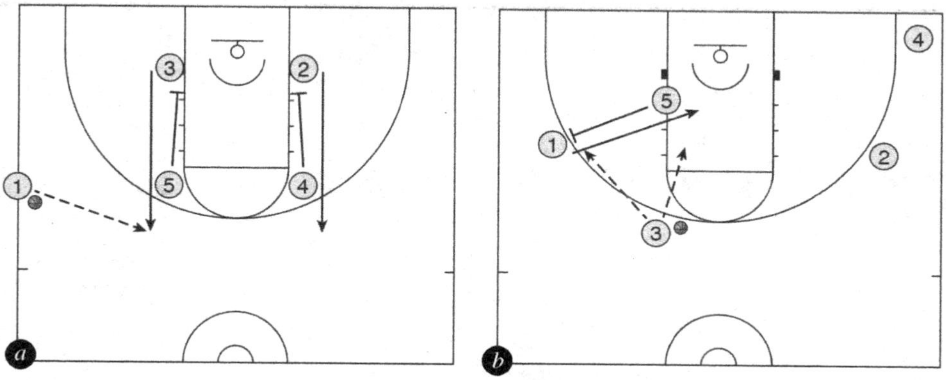

图 8.1　边线界外球战术

底线界外球战术

针对人盯人防守发界外球战术

准 备

- 五名球员参与，使用一个篮球。
- 球员 4 发界外球，球员 1 和球员 2 在钥匙区顶端外，球员 3 在有球一侧的低位阻区，球员 5 在球员 3 正后方。

执 行

1. 当教练把篮球交给球员 4 后，球员 1 和球员 2 立即向两个底角冲刺，同时大喊要球。

2. 同时，球员 5 给球员 3 做一个掩护。

3. 球员 3 随后绕回到禁区中间，球员 4 传高球，绕过防守把球传到球员 3 手中，后者完成一个近距离投篮（见图 8.2）。

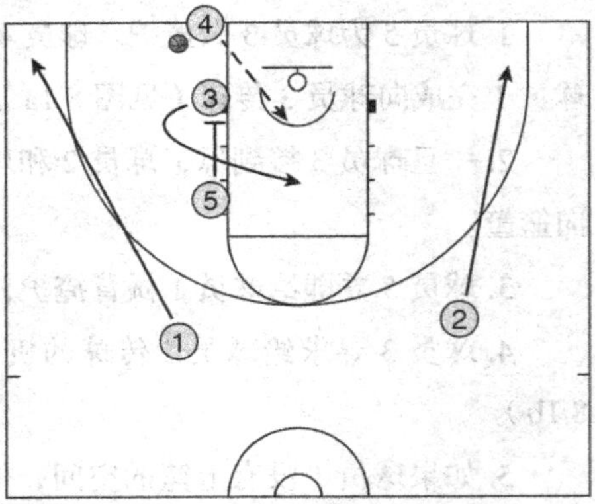

图 8.2　底线界外球战术

教学点

这个战术主要是应对人盯人防守。发界外球的球员应该先假装传球给球员 1 和球员 2，分散防守注意力，为给球员 3 传球创造更多空间。

禁区线推叠式底线界外球战术

针对区域联防发界外球战术

准 备

- 六名球员参与，使用一个篮球。
- 球员 3 发界外球。球员 1、2、4、5 在有球一侧的禁区站成一条直线，按号码由高到底排列。从球员 5 在低位阻区开始，到球员 1 在肘区结束。一名防守球员站在禁区中间。

执 行

1. 当裁判将篮球交给球员 3 后，球员 1 后退到钥匙区顶端外。

2. 球员 2 直接向有球一侧的底角空切。

3. 球员 5 掩护，挡住在禁区中间的防守球员，球员 4 向篮下空切。

4. 球员 3 随后向球员 4 传球，后者完成一个空位内线投篮（见图 8.3）。

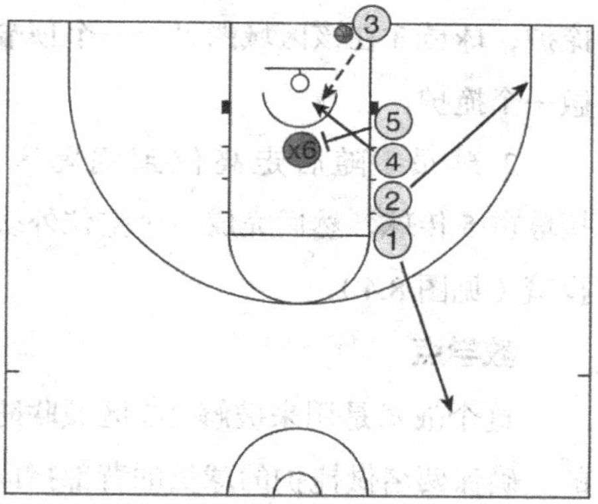

图 8.3　禁区线推叠式底线界外球战术

教学点

这个战术最好是用来破解区域联防。球员 5 站好位，在掩护住禁区中间的防守球员后迅速移动要球。在这个战术中，很多情况下掩护球员会获得空位机会。

边线界外球区域站位

针对区域联防发界外球战术

准 备

- 五名球员参与，使用一个篮球。
- 球员 5 发边线球。球员 1 和球员 4 占据两个低位阻区，球员 2 和球员 3 在两个肘区。

执 行

1. 球员 2 在 2-3 区域的顶端做一个掩护，球员 3 在该区域的另外一个顶端做一个掩护。

2. 球员 1 随后走高位到钥匙区，接球员 5 传球，然后完成一个空位外线投篮（见图 8.4）。

教学点

这个战术是用来破解 2-3 区域联防的。确保两名做掩护的球员的背部指向钥匙区顶端，从而为投手创造更多的时间和空间。

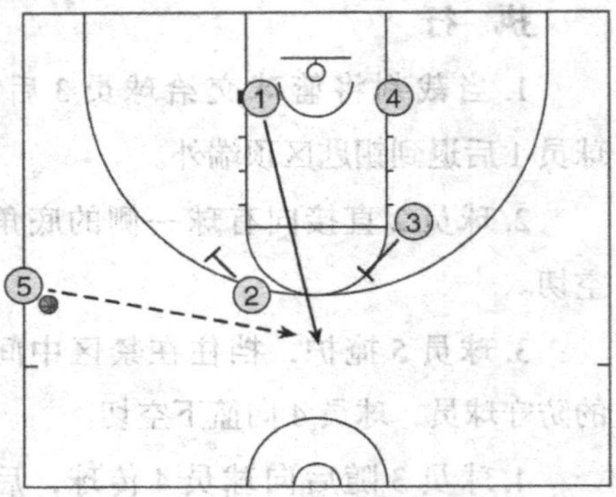

图 8.4　边线界外球区域站位

老鹰战术

针对人盯人防守半场战术

准 备

- 五名球员参与，使用一个篮球。
- 所有五名球员都在三分线外。球员 1 持球在钥匙区顶端外，球员 2 和球员 3 在两个侧翼，球员 4 和球员 5 在两个底角。

执 行

1. 球员 1 发动战术，向球员 2 运球。同时，球员 5 跑向另外一侧底角，球员

3 将他的防守球员带到低位阻区（见图 8.5a）。

2. 一旦球员 5 到达有球一侧的底角，球员 1 运球变向，朝钥匙区顶端移动。球员 1 运球变向时，球员 3 向侧翼冲刺，同时要球（见图 8.5b）。

3. 当球员 3 向侧翼空切时，球员 1 做一个传球假动作，球员 3 向篮下空切。球员 1 随后向空切的球员 3 击地传球，后者接球上篮（见图 8.5c）。

教学点

这个战术主要用来破解人盯人防守，特别是当防守非常有侵略性，试图阻止传球时。

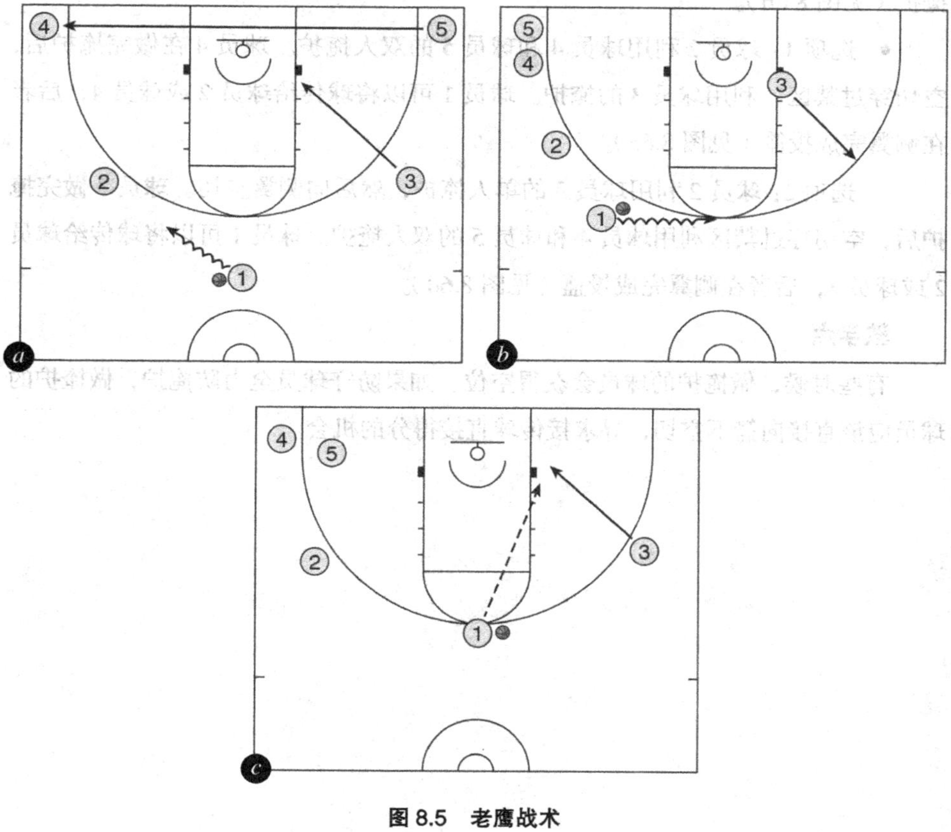

图 8.5　老鹰战术

专业成套战术

针对人盯人防守半场战术

准 备

- 五名球员参与，使用一个篮球。
- 球员 1 在钥匙区顶端持球，球员 2 在篮下，球员 3 和球员 4 占据两个低位阻区，球员 5 在球员 3 正后方（见图 8.6a）。

执 行

球员 2 可以利用球员 3 的单人掩护，也可以选择利用球员 4 和球员 5 的双人掩护（见图 8.6b）。

- 选项 1：球员 2 利用球员 4 和球员 5 的双人掩护。球员 4 在做完掩护后，空切穿过禁区，利用球员 3 的掩护。球员 1 可以将球传给球员 2 或球员 4，后者在侧翼完成投篮（见图 8.6c）。
- 选项 2：球员 2 利用球员 3 的单人掩护，然后向侧翼空切。球员 3 做完掩护后，空切穿过禁区利用球员 4 和球员 5 的双人掩护。球员 1 可以将球传给球员 2 或球员 3，后者在侧翼完成投篮（见图 8.6d）。

教学点

有些时候，做掩护的球员会获得空位。如果防守球员全力防掩护，做掩护的球员应该直接向篮下空切，寻求接传球直接得分的机会。

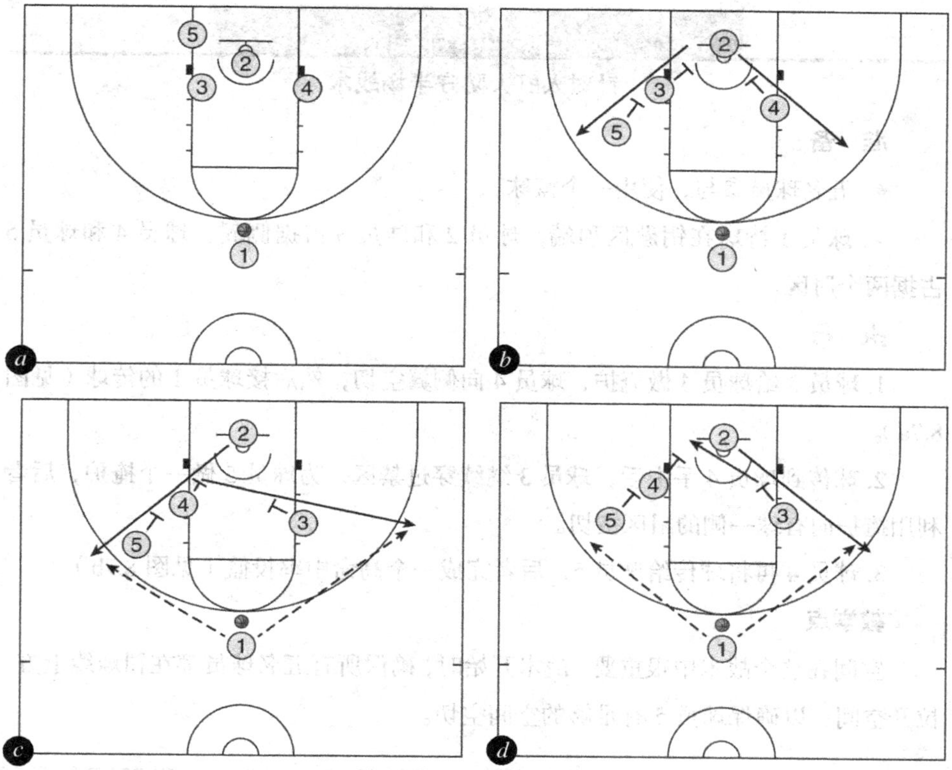

图 8.6　专业成套战术

低位落位

针对人盯人防守半场战术

准　备

- 五名球员参与，使用一个篮球。
- 球员 1 持球在钥匙区顶端，球员 2 和球员 3 占据侧翼，球员 4 和球员 5 占据两个肘区。

执　行

1. 球员 3 给球员 4 做掩护，球员 4 向侧翼空切，然后接球员 1 的传球（见图 8.7a）。

2. 球传到球员 4 手中后，球员 3 继续穿过禁区，为球员 5 做一个掩护，后者利用掩护向有球一侧的阻区空切。

3. 球员 4 再将球传给球员 5，后者完成一个高命中率投篮（见图 8.7b）。

教学点

空间在这个战术中很重要。战术开始时，确保所有五名球员都在罚球线上方，拉开空间，以确保球员 5 有足够的空间空切。

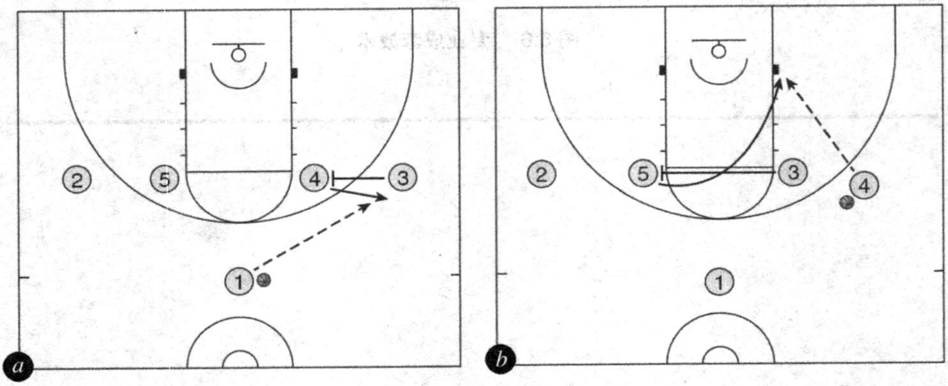

图 8.7　低位落位

区域联防 1

针对区域联防半场战术

准　备

- 五名球员参与，使用一个篮球。
- 球员 1 在钥匙区顶端持球，球员 2 和球员 3 分别在两个侧翼，球员 4 和球员 5 分别在两个阻区。

执　行

1. 球员 1 向球员 3 传球，球员 1 随后再向有球一侧的底角空切。球员 2 占据钥匙区顶端的空位，球员 5 拉到高位有球一侧的肘区（见图 8.8a）。

2. 球员 3 随后再向在肘区的球员 5 传球，当球还在空中时，球员 4 向有球一侧空切。球员 5 随后再向球员 4 传球，后者寻求在内线投篮的机会（见图 8.8b）。如果球员 4 没有出手空间，球员 5 找寻空位的队友，或者创造自己投篮的机会。

教学点

在区域防守中，一名防守球员负责防守一个特定的小区域，而不是防守某个固定的球员。执行这种战术的目的在于让有球一侧的进攻球员的人数多于防守球员，从而获得空位投篮的机会。

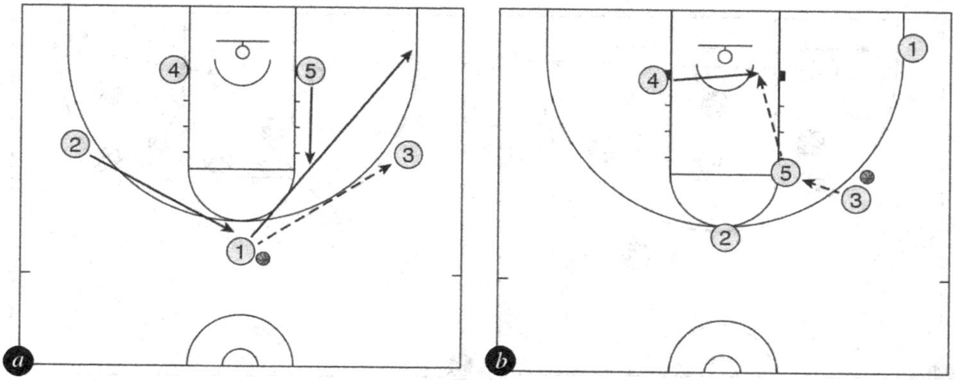

图 8.8　区域联防 1

区域联防 2

针对区域联防半场战术

准　备

- 十名球员参与，使用一个篮球。
- 球员 1 向侧翼运球，球员 2 在底角，球员 3 和球员 4 分别占据一个阻区，球员 5 在弱侧的侧翼。

执　行

1. 球员 2 和球员 3 交换位置，然后球员 1 将球传给在有球一侧底角的球员 3（见图 8.9a）。

2. 当给球员 3 的传球还在空中时，球员 4 做一个背掩护挡住球员 x5，球员 2 做一个背掩护挡住球员 x2。球员 2 随后空切穿过禁区中间，接球员 3 传球完成一个内线投篮（见图 8.9b）。

教学点

这个战术是用来破解 1-3-1 区域联防的。掌握时机很重要，两个掩护球员必须在球员 1 给球员 3 的传球还在空中的时候就启动，而不是等球员 3 接到传球之后。

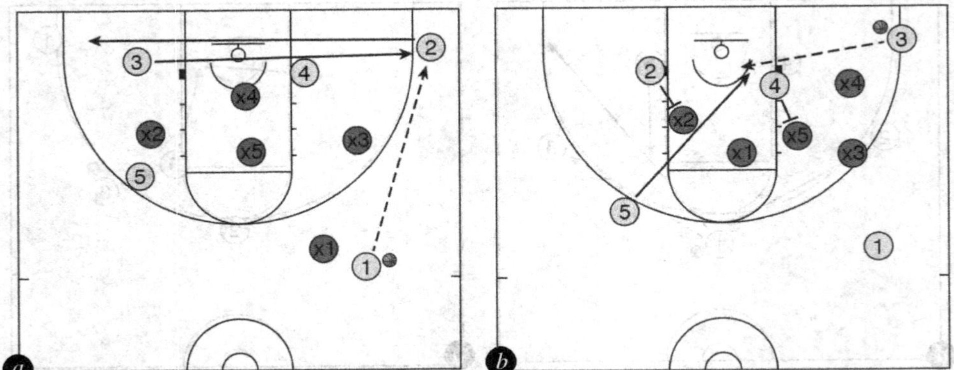

图 8.9　区域联防 2

团队进攻

进攻球队应该在对手退防和建立防守前寻求快速得分机会。这种在进攻前期的高命中率的得分机会叫作快攻。

快　攻

大多数有纪律性的球队都会练习在快攻中如何跑位。如图 8.10 所示，每名球员在快攻中都有特定的任务。除了这些任务，球员还应该记住在场上全速奔跑、保持适当的空间和交流是每名球员都应该做的。4 号位和 5 号位球员的位置是可以互换的，2 号位和 3 号位也是一样。4 号位和 5 号位球员的第一任务就是先抢篮板球。如果 4 号位球员先抢到篮板球，5 号位球员就应立即向球场中间冲刺，在到达另一端篮下时用身体封住防守球员。球员 4 寻求快速将球传给 1 号位球员，同时，2 号位和 3 号位球员沿着边线奔跑，直到到达底角。沿着边线奔跑的目的在于为每一名进攻球员拉开空间。1 号位球员寻求给 2、3、5 号位球员快速传球的机会，从而使他们在内线或者外线空位投篮。如果他们都没有空位投篮的机会，球员 1 可以先运球过半场。球员 4 最后穿过半场，来到弱侧，快攻结束。快攻时间很重要。传球推进的速度要比运球快。如果人数有优势，通过传球完成快速得分。进攻花费的时间越多，对手就越可能恢复防守。下图中的快攻路线对拉开空间和创造轻易得分机会来说非常重要。球员每次抢下防守篮板或者在对方半场获得球权后都应该遵循以下的快攻路线。

基本快攻练习

分解

准 备

- 五名球员参与，使用一个篮球。
- 所有五名球员沿着底线站成一条直线。
- 所有球员就位后，教练投篮。
- 球员 4 抢下篮板球，随后立即向球员 1 传球。球员 4 跑向另外一方半场的三分线。
- 球员 1 通过传球或者运球将球带过半场。
- 球员 2 和球员 3 分别沿着边线向前半场底角和三分线外奔跑。
- 球员 5 直接跑向篮下，寻求接球和直接得分的机会。

执 行

1. 当教练投篮出手后，球员 4 抢下篮板球，随后将球传给球员 1。同时，球员 2 和球员 3 沿着两条边线向另一方半场全速奔跑。球员 5 在球场中间全速奔跑，直插篮下（见图 8.10a）。

2. 在第一次下快攻时，球员 1 将球传给球员 5，后者接球直接上篮。每次投篮命中后，训练重新开始，五名球员再次站成一条线，等待教练投篮。

3. 第二次训练时球员 1 的选择是将球传给球员 2，球员 2 完成一个外线投篮或突破上篮（见图 8.10b）。

4. 第三个选择是将球传给球员 3，球员 3 完成一个外线投篮或突破上篮（见图 8.10c）。

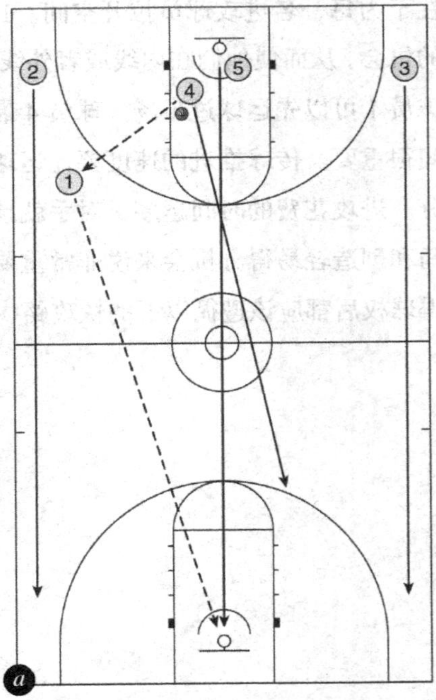

图 8.10　基本快攻练习

5. 第四个选择是球员 1 自己运球过半场，直接攻击篮筐上篮得分（见图 8.10d）。

6. 第五个选择是把球传给最后过半场的球员 4，后者完成一个跳投（见图 8.10e）。

7. 球员完成所有五个选项后训练结束。

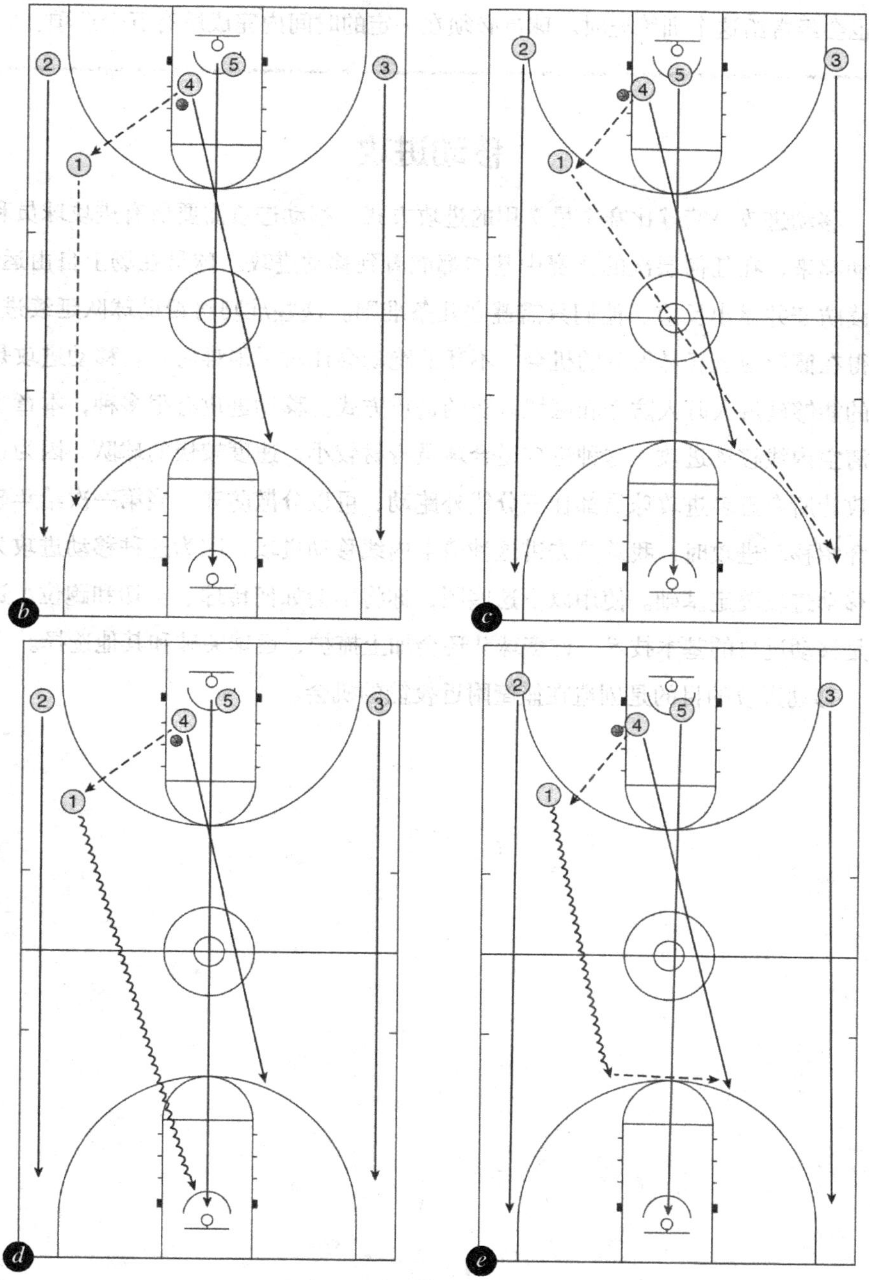

图 8.10　基本快攻练习（续）

教学点

每名球员都应该全速冲刺奔跑，为了提升训练难度，让每名球员各司其职。我也会经常给这个训练记时。球员必须在一定的时间内完成所有五个选项。

移动进攻

移动进攻是篮球比赛中最常用的进攻方式。移动进攻需要所有进攻球员和球都动起来，在任何层次的比赛中基本都能看到移动进攻。球员在场上自由运动，阅读防守并做出反应。他们只需遵守几条准则。这些准则将帮助球队延续进攻，获得在篮筐附近轻易得分的机会。不断的跑动会让对手很难防守。移动进攻是少有的能够破解人盯人防守和区域联防的进攻方式。移动进攻有很多种，本章主要讲清空内线移动进攻。这种进攻适合球员身材较小、速度较快的球队。因为这种进攻让所有五名进攻球员都在三分线外跑动，可以分散防守。当第一次给年轻球员介绍移动进攻时，我总是先讲这种清空内线移动进攻，因为这种移动进攻为其他移动进攻奠定基础。使用以下这些图，你将学会如何传球、空切和跑位，这些都是移动进攻的基本技术。许多球队还会加上掩护、运球突破和其他选择。

移动进攻的目的是创造在篮筐附近投篮的机会。

移动进攻战术

分解

准 备

- 五名球员参与，使用一个篮球。
- 球员在三分线外站成一排，1 号位到 5 号位的位置如下图所示。球员在进攻中占据这些位置，因为这种站位使两名球员相互之间的距离保持在 15 到 18 英尺（4.6 到 5.5）米。这种站位也有利于球员持球突破、空切和向内线渗透传球。

执 行

1. 在这个图中，球员 1 可以选择将球传给球员 2 或球员 3。

2. 如果球员 1 将球传给球员 3，那么球员 1 就必须向篮下空切。

3. 球员 1 向篮下空切的同时，球员 2 取代球员 1 在钥匙区顶端的位置，球员 4 球取代球员 2 在侧翼的位置。球员 1 取代球员 4 在底角的位置（见图 8.11）。

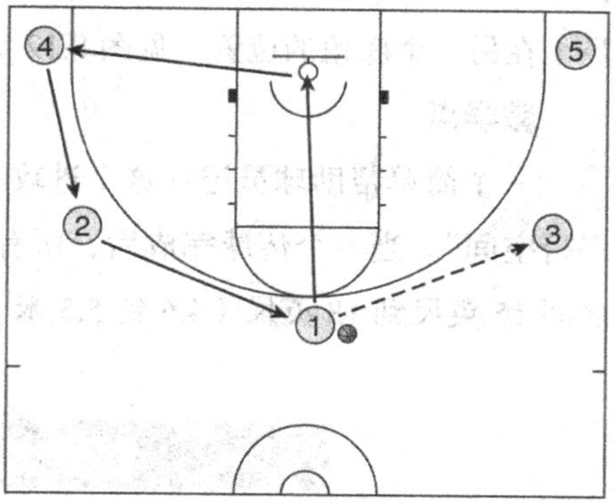

图 8.11 移动进攻战术

教学点

空切球员总是取代传球方向对侧队友的位置。例如，如果空切球员将球传到右边，他空切后就应该取代左侧底角队友的位置。

移动进攻变形 1

在这个图中，球员 3 可以选择将球传给球员 2 或球员 5。如果球员 3 将球传给球员 5，那么球员 3 必须向篮下空切。当球员 3 向篮下空切时，球员 2 取代球员 3 在侧翼的位置，球员 4 取代球员 2 在钥匙区顶端的位置，球员 1 取代球员 4 在侧翼的位置，球员 3 取代球员 1 在另一个底角的位置（见图 8.12）。

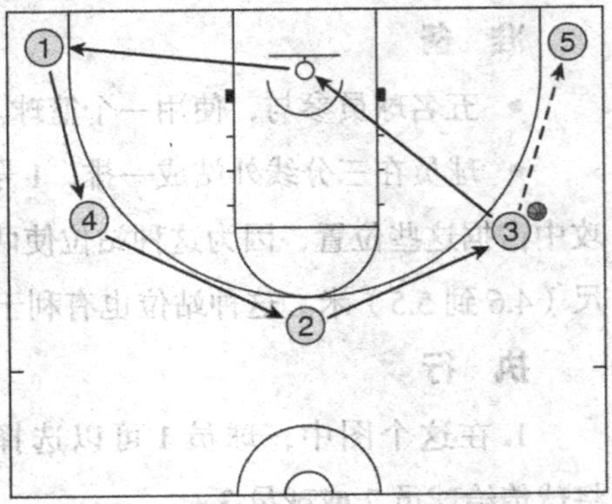

图 8.12　移动进攻变形 1

教学点

一个简单帮助球员记住这个进攻动作顺序的口诀是：“传球、空切、补位和保持空间”。当一个传球完成后，所有球员寻求补上空出来的位置，并保持相互之间 15 英尺到 18 英尺（4.6 到 5.5 米）的距离。

移动进攻变形 2

球员 5 将球传给球员 2，然后立即向篮下空切，再取代球员 5 刚刚占据的位置。底角向侧翼的传球是唯一一次空切球员不取代对面位置的传球，空切球员应回到他最初占据的位置（见图 8.13）。

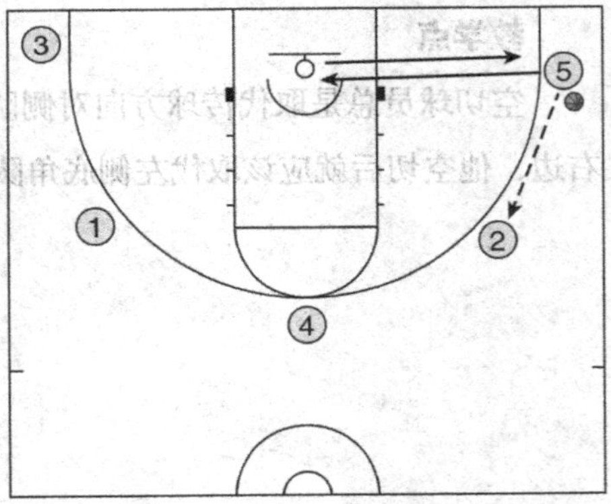

图 8.13　移动进攻变形 2

教学点

当向篮下空切时，球员应该保持低重心姿态，眼睛一直看着篮球，伸出双手让传球手看到。为了能够抢先防守方一步，进攻球员应该做一个假动作，向左边切入前先假装向右边切入，向右边切入前先假装向左边切入。

移动进攻变形 3

球员 2 可以选择将球传给球员 4 或球员 5。如果球员 2 将球传给球员 4，球员 2 必须向篮下空切。球员 2 向篮下空切时，球员 5 取代球员 2 在侧翼的位置，球员 2 取代球员 5 在底角的位置，以这种模式继续（见图 8.14）。

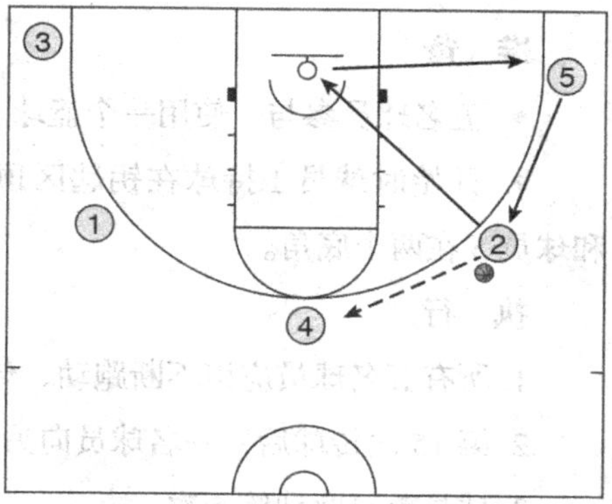

图 8.14　移动进攻变形 3

教学点

当取代一个离球最近的位置时，球员必须先空切，例如做一个 V 字形空切，以先获得空间。如果在取代队友位置时没有做空切动作，那么对手可以阻挡传球。

移动进攻变形 4

球员 4 可以选择将球传给球员 1 或球员 5。如果球员 1 和球员 5 没有空间，他们应该立即向篮下空切。当球员 1 和球员 5 向篮下空切时，球员 2 取代球员 5 的位置，球员 3 取代球员 1 的位置。球员 1 和球员 5 取代两个底角的位置（见图 8.15）。

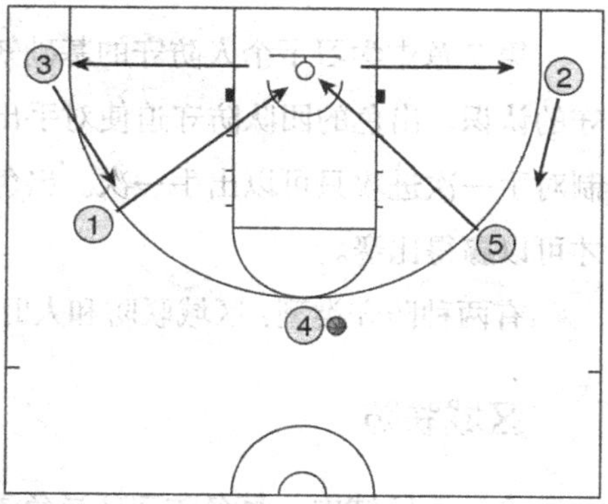

图 8.15　移动进攻变形 4

教学点

不断的移动在动态进攻中至关重要。每当离篮筐最近的球员没有空间时，这名球员就应该立即向篮下空切，这样队友就可以补位，这也有利于传球。球员也可以选择为队友掩护，从而延续移动进攻。

15 次传球移动进攻练习

分解

准　备

- 五名球员参与，使用一个篮球。
- 开始时球员 1 持球在钥匙区顶端，球员 2 和球员 3 在两个侧翼，球员 4 和球员 5 在两个底角。

执　行

1. 所有五名球员应该不断跑动、传球、空切和补位，直到完成 15 次传球。
2. 第 15 次传球后，一名球员向另一名球员传球，后者空切完成上篮。
3. 球员重复此训练 5 次。

教学点

球员之间的距离应该保持在 15 到 18 英尺（4.6 到 5.5 米）。为了帮助球员做到这一点，可以用胶带或者锥筒标记球场的钥匙区顶端，两个侧翼和底角。

团队防守

第 7 章中学习了个人防守的基础知识，现在必须建立对如何在团队环境下防守的认识。出色的团队防守迫使对手出现失误，或者降低对手投篮命中率，并限制对手一次进攻只可以出手一次。出色的防守并不能赢得比赛，出色的团队防守才可以赢得比赛。

有两种防守类型：区域联防和人盯人。

区域联防

在一个区域内，每名防守球员负责防守一块特定的区域，区域可以根据球在场上的位置来定。如果你球队的球员身材不够高大、运动能力不够强，或者对手外线投篮不准时，区域联防比较常用。常用的区域联防包括 2-3 区域联防（见图 8.16）、3-2 区域联防（见图 8.17）和 1-3-1 区域联防（见图 8.18）。2-3 区域联防让更多防守球员在内线，迫使对手在禁区外。3-2 区域联帮助外线防守球员阻止对手运球渗透内线。非常规的 1-3-1 区域联防可以扰乱和迷惑进攻球队。

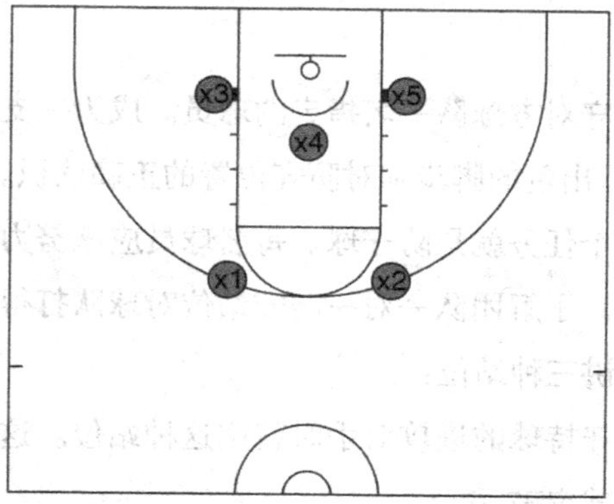

图 8.16　2-3 区域联防

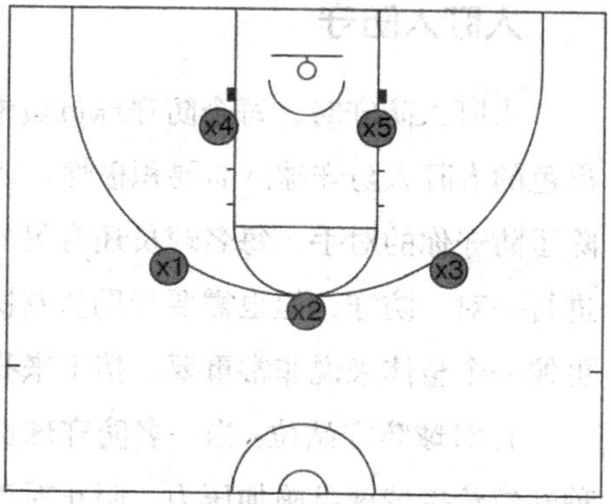

图 8.17　3-2 区域联防

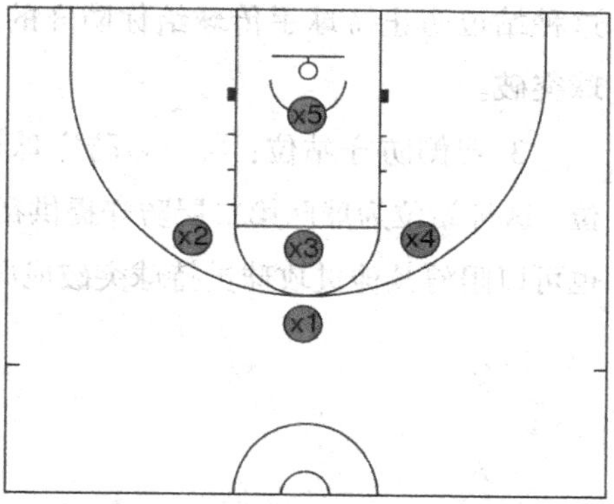

图 8.18　1-3-1 区域联防

区域联防固然有它的优势，但我的观点（我的许多同事表示赞同）是：在球员对人盯人防守准则没有一个很好的了解前，不要教球员区域联防。很多情况下，年轻球员使用区域联防对他们的防守基本功不利。他们在脚步、身体控制、跑位和反应时间上的训练还不足够。这种问题的根源是青年队的教练错误地认为赢球比培养球员更重要。区域联防迫使年轻、身材更小的球员在外线投篮，外线球员的命中率更低，这样球队就有更大的机会获胜。不幸的是，这样会遏制球员防守能力的提升。为了提高防守能力，我鼓励年轻球员只用人盯人防守。我希望球员学习如何防守对手，不希望让他们只学如何防守一个区域。区域联防在篮球比赛中有一席之地，但在年轻球员的培养上却没有益处。

人盯人防守

人盯人防守时，每个防守球员负责防守对方球队一名指定的球员。成为一支出色的人盯人防守球队需要积极性、交流、出色的脚步和对防守位置的正确认识。除了防守你的对手，每名球员还有另外一个任务就是防守球。每名球员应该努力进行一对一防守，但也需要帮助队友协防。了解团队一对一防守站位对球队打得更像一个整体来说非常重要。接下来我将讲三种站位：

1. 对球防守站位：当一名防守球员防守持球的进攻对手时就用这种站位。这种站位给持球球员施加压力，阻止对手持球突破。

2. 阻止传球站位：当一名防守球员防守离球不远的对手时就用这种站位。这种站位防止持球手传球给你防守的球员，同时你也可以帮助协防持球对手运球突破。

3. 弱侧防守站位：当一名防守球员防守一名离球较远的对手时就用这种站位。这种站位为球队第二层防守提供帮助。这种站位在防守一名进攻球员的同时，也可以阻碍其他进攻球员持球突破或向内线穿透传球。

对持球位置防守练习

分解

准 备

- 十名球员参与，使用一个篮球。
- 当建立一对一防守时，每名球员负责防守对方球队中的一名球员。
- 防守球员试图防守与自己身高和速度相似的球员。

执 行

1. 球员 x1 正在防守持球者（见图 8.19）。

2. 球员 x2 和 x3 在离球员 x1 一个传球的距离，并进入阻传姿势。

3. 球员 x4 和 x5 在弱侧，距离球员 x1 两个传球的距离。

教学点

当防守持球球员时，球员 x1 应该进入低重心运动姿态，手臂伸展开，守住内线位置。对持球球员防守的目的在于用手臂罩住球，对他持续施加压力，迫使他走弱侧手方向。

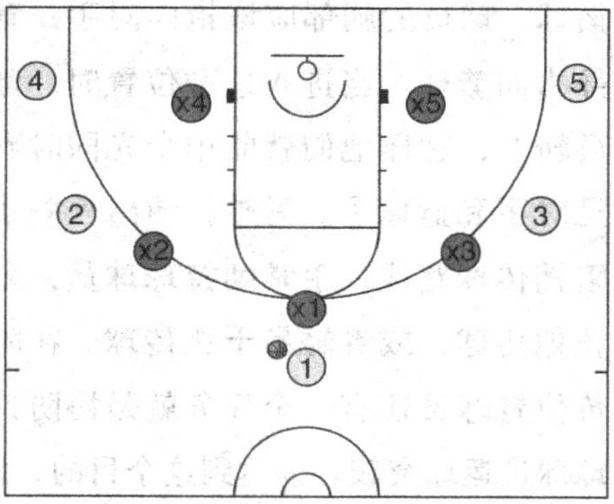

图 8.19 对持球位置防守练习

对阻传位置防守练习

分解

准　备

如果球在侧翼，球员 x2 防守球，同时球员 x1 和 x4 进入阻传姿势，球员 x3 和 x5 在弱侧位置（见图 8.20）。

教学点

当进入阻传位置后，球员的姿势应该能够同时看到负责防守的对手和篮球。球员的胸部应该指向对手，背部指向篮球。当进入这种位置时，球员转头，这样他们就能用余光同时看见对手和篮球了。另外，伸出外侧手阻挡传球路线，手掌朝持球球员，阻止他传球，或者轻易干扰传球。在阻传位置球员还有一个任务就是协防持球球员运球突破。为达到这个目的，防守球员应离他所防守球员两步远。

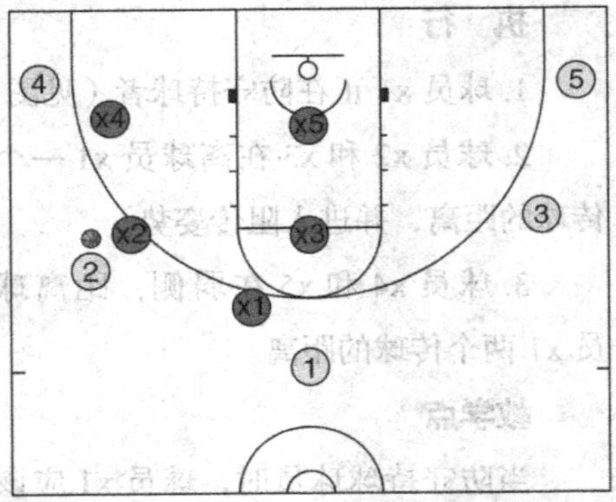

图 8.20　对阻传位置防守练习

对弱侧位置防守练习

分解

准　备

如果球传到了底角，球员 x4 防守球，同时球员 x2 进入阻传姿势。球员 x1、x3 和 x5 都在弱侧，相互之间距离两个传球以上（见图 8.21）。

教学点

在弱侧位置的球员应该进入低重心运动姿态，伸展手臂，在离球的两步以内的位置。这几名球员通过转头和余

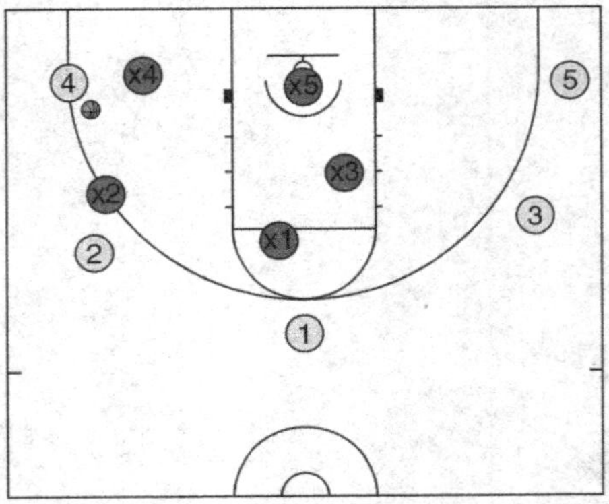

图 8.21　对弱侧位置防守练习

光同时观察对手和球的位置。弱侧球员协助队友防守对手向内线传球、空切和突破上篮。

协防持球推进战术执行

分解

准　备

如果一名防守球员离篮球只有一个传球的距离，那么他应该协助队友防守对手持球突破。如果对手朝他们的方向持球突破，那么必须进行协防。协防球员应该侧移关上通向篮圈的大门（见图 8.22）。

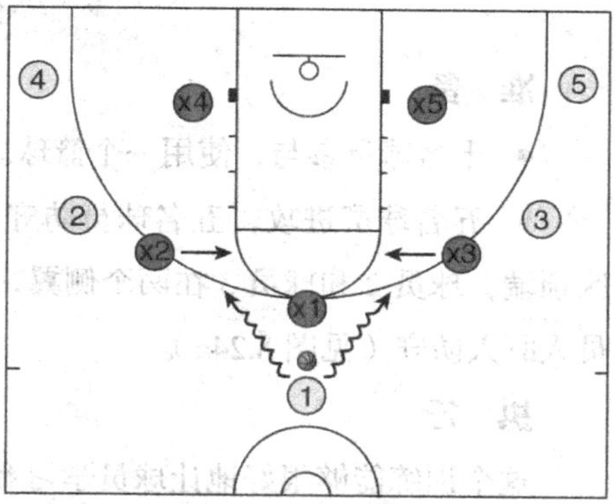

图 8.22　协防持球推进战术执行

教学点

进入阻传位置的球员应该离他们防守的球员两步远，这样他们就能够堵住对手突破的路线。

绕前低位防守

分解

准　备

如果进攻一方想把球交给内线低位球员背身单打，那么防守球员应该先对内线球员绕前防守，阻止对手传球给他。在图中，球员 x2 防守球，球员 x1 进入阻传姿势。球员 x4 绕前防守阻止传球。球员 x5 和 x3 在弱侧。如果球没有传给球员 4，那么球员 5 应提供支持和帮助（见图 8.23）。

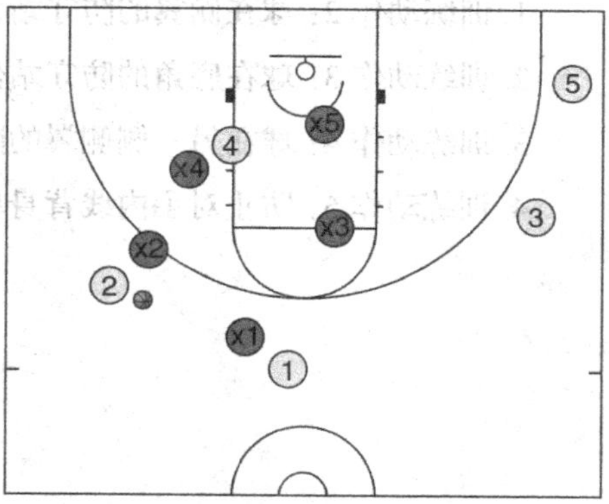

图 8.23　绕前低位防守

教学点

当对内线球员绕前防守时，防守球员应该处于对手和篮球之间，内侧手臂弯曲，接触进攻球员，外侧手高举阻止传球。防守球员应该降低重心，双脚张开，以确保身体平衡。

贝壳练习

分解

准 备

- 十名球员参与，使用一个篮球。
- 五名球员进攻，五名球员防守。五名进攻球员分散开来，球员 1 在钥匙区顶端，球员 2 和球员 3 在两个侧翼，球员 4 和球员 5 在两个底角。五名防守球员人盯人防守（见图 8.24a）。

执 行

这个训练能够很好地让球员学习和强化正确的防守站位。教练主导训练，告诉进攻球员什么时候往哪里传球。每次传球后，教练检查和纠正每名防守球员的站位，然后再指导进攻球队传下一个球。球员最少要完成向每个位置传球 3 次，之后攻防球队交换位置，训练继续。

教学点

为了加大训练难度，可加上运球，并指导球员无限次运球，这样可以提高防守的反应速度，限制对手突破和向内线传球的能力。

1. 训练动作 2：球在侧翼的防守站位（见图 8.24b）。
2. 训练动作 3：球在底角的防守站位（见图 8.24c）。
3. 训练动作 4：球在另一侧侧翼的防守站位（见图 8.24d）。
4. 训练动作 5：防止对手内线背身单打的防守站位（见图 8.24e）。

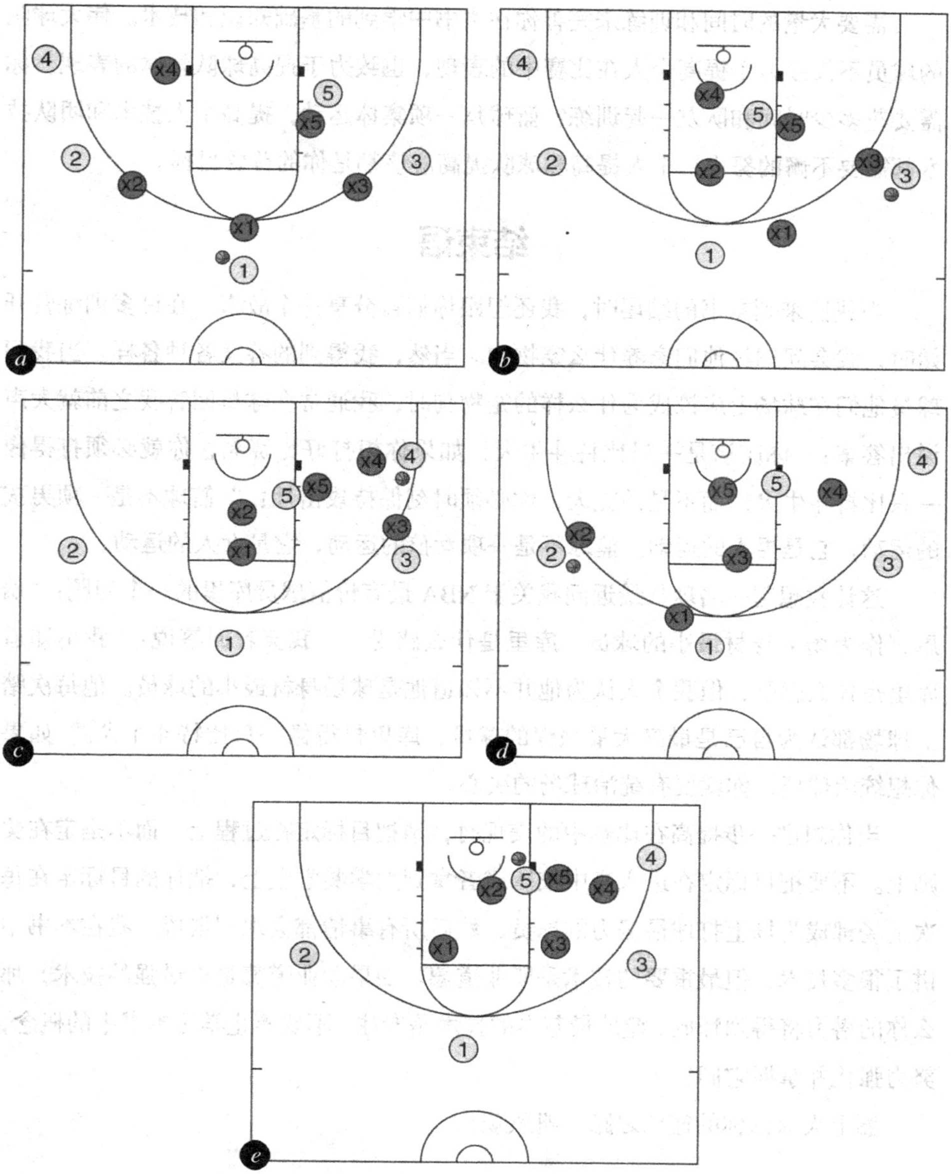

图 8.24　贝壳练习

需要大量的时间和训练来完善你在本书中学到的基础知识和技术。伟大球队的球员不仅致力于提高个人在比赛中的表现，也致力于提高球队整体的表现。你需要花多少时间和队友一起训练？篮球是一项集体运动，提高个人技术和团队技术都需要不懈的努力，个人提高和球队提高应该都是你的首要目标。

结束语

当我们来到本书的结尾时，我还想跟你们再分享一个故事。在许多训练营开始时，我会问球员他们家养什么宠物狗。当然，我得到的答案各种各样。当我问球员他们在球场上应该成为什么样的宠物狗时，我通常在球员回答我之前就大声说出答案："你应该是一只比特斗牛犬！如果你想打好比赛啊，你就必须打得像一只比特斗牛犬，而不是约克犬，你必须时刻保持攻击性！"篮球不是一项男孩的运动，它是男人的运动。篮球不是一项女孩的运动，它是女人的运动。

这让我想起一名球员最近问我关于 NBA 最有价值球员库里的一个问题："瑞恩，作为场上身材最小的球员，库里是什么感受？"我笑着回答说："我不知道库里是什么感受，但我个人认为他并不知道他是球场身材最小的球员。他每次踏上球场都认为自己是最高大最强悍的球员，库里打得像一只比特斗牛犬。"如果你想统治球场，你就要有统治球场的决心。

当你想进一步提高在比赛中的表现时，请把目标定在过程上，而不是定在奖励上。不要把目标定在进入高中校队或者拿到大学奖学金上，把你的目标定在每次上场都成为场上打球最努力的球员，然后所有事情都会水到渠成。我在本书中讲了很多技术，但最重要的技术是职业道德。如果职业道德是你最强的技术，那么你的潜力将得到释放。篮球最基本的技术是专注。不要停止学习本书中的概念，努力强化并掌握它们！

愿上天保佑你的篮球之路一帆风顺！

关于作者

瑞恩·古德森（Ryan Goodson）

世界知名的篮球教练和实战训练师。自2009年以来，他执教了超过2万名球员，这些球员的层次从青年球员到职业球员不等。他在全美30个州和其他多个国家建立过实战训练营。古德森教练具有吸引力的教学风格和充满活力的教学演示得到了全球各地青年篮球训练营学员的广泛青睐。

古德森教练于2011年执教了库里篮球技术训练营（Stephen Curry Skills Academy），并一直是美国篮协签约的训练营教练。

他在网上发布了大量篮球教学视频，其在全球的浏览量超过了500万次。他还具有阿帕拉契州立大学健康促进学学士学位。